0"

逆轉腦中一片空白，臨場應對不慌張！

零秒反應力

頭が真っ白になりそうな時、
さらりと切り返す話し方

YUJI AKABA
赤羽雄二——著 | 林心怡——譯

八方出版

作者序

一緊張，腦中就一片空白！

你是否有過，面對上司的質問，或是在會議上被點名發表意見時，腦中突然一片空白？

你是否有過，明明已預先準備好要發表的內容，一上臺腦中卻突然忘光光，愈是緊張，愈是說不出話來？

你是否有過，一開始很順利地發表了自己的意見，但面對他人的提問時，一時間卻想不出該怎麼回答？

我想，任何人多少都有過上述的經驗。尤其，愈是緊張，腦袋愈是空白，以致一句話也說不出來。

面對提問，你會當場愣住，還是能應對自如？

當腦中一片空白時，往往不曉得該說什麼才好。

還有些人會因為不曉得該怎麼回答，而感到慌張不已。

又或是有些人面對突然的提問，心中明明有著明確的答案，但卻不曉得該從何說起，而愣在原地。

若是在職場上，可能還會因為相關部門間的摩擦，或是日常生活中與對方有私交，擔心會影響到工作，以致不曉得該怎麼回答而陷入混亂。

另外，也可能因為不曉得該怎麼說，才能夠確實傳達自己的想法，而當場愣住。

也有這種情況：雖然有許多意見，但對象是自己的主管，根據主管以往的反應，是沒辦法三言兩語就讓主管理解信服。

雖說如此，還是有人不論在任何情況下，都可以應對自如。

在感嘆「真厲害，不論什麼問題都能輕鬆地快速回答！」的同時，是否也清楚明白自己與他人的差別在哪裡呢？

仔細觀察那些所謂「很會講話」的人，會發現，與其說他們「會講話」，不如說他們是思路清楚，並充滿自信地把自己的想法說出口。

簡單來說，就是因為他們平常的思考方式與態度和我們不同，所以腦中思路井井有條毫不混亂。

本書主旨便是要說明，如何擁有這種溝通時所必備的思考方式與態度。為了讓讀者具備這樣的能力，因此書中許多內容著重在如何自然養成這樣的思考方式。一旦具備了這樣的臨場應對力，在任何時刻的提問應對上，通常可以立即感受到成效。

現在，請各位立即實行本書所介紹的內容，一起來培養擁有卓越的「臨場應對力」，以及「不會在面對提問時腦袋一片空白」的頭腦吧。

赤羽雄二

Contents

作者序 003

一緊張，腦中就一片空白！ 003

面對提問，你會當場愣住，還是能應對自如？ 004

前言

思考不夠深入、態度沒自信，就容易被人質疑

為什麼會被認為「想得太膚淺、不夠深入」？ 014

為什麼思考會僅止於表面？ 016

「深入思考」的方法 018

態度沒有自信，會讓對方察覺到你的不安 020

有備無患，面對問題就不會當場愣住、手足無措 023

chapter 1

養成隨時思考的習慣

POINT 1 對所有事物保持好奇心 028
POINT 2 找到一件感興趣的事物，深入研究 031
POINT 3 一有感興趣的事立刻上網搜尋 033
POINT 4 對任何事有所感觸，便與人分享 037
POINT 5 利用A4紙做筆記，鍛鍊「零秒反應力」 040
POINT 6 思考，是件快樂的事 048

chapter 2

確立自己的意見，訓練發言時的應對能力

POINT 7 對任何事都要能提出自己的看法 052
POINT 8 不需投入大量時間就能確立自己的意見 059
POINT 9 就算蒐集到的資料不多，也一定要發表意見 063
POINT 10 就算沒辦法順暢地發表意見，也要嘗試修正之後再度發言 066

chapter 3

寫好「講稿筆記」，進行「發表演練」

POINT 11 開會前先寫好「講稿筆記」 070
POINT 12 先做「發表演練」習慣發表 075
POINT 13 配合會議進行的情況，多次改寫「講稿筆記」 079
POINT 14 看著「講稿筆記」，確實地發表意見 083
POINT 15 不要將意見說得太過艱澀難懂 086
POINT 16 適當地停頓，慢慢把話說清楚，更能獲得信賴 090
POINT 17 當心中有好幾個方案時，將優點與缺點都寫下來 094

chapter 4

不需太介意是否有條理地完美表達

POINT 18 自然地說出意見，就能傳達想法 100
POINT 19 每個人都能有條有理又清晰易懂地發言 104
POINT 20 說出三點理由，會更有說服力 107

POINT 21 不要太執著於「要有條理」 112
POINT 22 留心不斷把「要有條理」掛在嘴邊的人 115

chapter 5

就算面對質疑，也能平心靜氣地予以回應

POINT 23 先做好等待他人提問的心理準備 124
POINT 24 聽不懂對方的問題時，可以冷靜地反問 127
POINT 25 迅速在「講稿筆記」上列出一至三項重點後才開始說明 130
POINT 26 果斷地轉換心境 133

chapter 6

面對提問要盡快回答

POINT 27 面對問題立刻回答不但有實質幫助，也是任何人都能做到的事 138
POINT 28 一開始先講結論，就能改變別人對你的印象 143
POINT 29 只要事前預做準備，面對臨場提問也能切中要點地回答 149

chapter 7

仔細聽清楚對方的意思

POINT 30 抓住對方問題的重點 154
POINT 31 揣摩對方話語背後的思考模式 158
POINT 32 感到有疑慮時，不要猶豫立刻進行確認 162
POINT 33 若對方開始發怒，總之先聽完他的意見 166
POINT 34 與會恣意謾罵的人保持距離 170

chapter 8

鍛鍊掌握並解決問題的能力

POINT 35 分析問題並加以整理，掌握問題的本質 176
POINT 36 習慣假設思考 183
POINT 37 回歸原點思考 194
POINT 38 一有疑問就馬上調查 199
POINT 39 趁勢深入探討 204

POINT 40 提升工作速度 208

結語 213

只要事前稍做準備，就能讓自己放心 213

就算感覺自己快被問倒，也能有效應對 214

前言

思考不夠深入、態度沒自信，就容易被人質疑

為什麼會被認為「想得太膚淺、不夠深入」？

在進入正題之前，我想先來談談哪些人容易被質疑，面對他人的提問時也容易腦袋空白答不出話來。

會有這種狀況的人，大致可分為這兩類：「思考不夠深入」以及「態度沒自信」。

所謂思考不夠深入，就如字面上所說，「無法做更深入的思考，只看到表面，不能抓住問題的關鍵」。

以負責業務工作的人為例——

面對問題平常就不會深入思考的人，在煩惱如何提升自己公司產品成交率時，往往只會想到**「因為競爭企業推出了新商品」**、**「因為我們的產品價格太高」**，或者是**「業務員不夠」**等表面理由，並僅止於這些常見的理由，不再做進一步的思考。

不深入去想真正的原因何在，只侷限於表象，並以此做為結論。

雖然這些答案不盡然全錯，但這樣的人容易因為沒有深入思考，而流於依賴直覺，或是成為他人的應聲蟲，只會將別人的意見照本宣科。

也因為這樣的人面對問題從不深入思考，一旦被人質疑，往往就會不知道該如何是好。

只要被問到從不同觀點或角度切入的問題，因為未曾以該種方式思考過，以致當下完全不曉得該怎麼回應。

每每遇到這種情況，這些人當下腦中幾乎是一片混亂，以致面對提問即手足無措。

更現實的是，只要發生過一次這樣的狀況，別人就會認定他是個「沒有審慎思考過就發言、採取行動」的人，認為他的意見沒有價值，而不斷地提出質疑。

並因此陷入了被主管或前輩，甚至是被部屬或晚輩不斷逼問追究的窘境。

思考不夠深入，就容易被人質疑，而一旦有人帶頭提出質疑，隨之而來的便是不斷地詰問，讓他完全成為眾矢之的。

為了轉移焦點，他可能因此惱羞成怒，大聲回話，甚至抨擊完全不相關的人，但這麼做只會讓他落入愈來愈不被信賴的立場，進而讓現場氣氛變得十分尷尬，造成反效果。

所謂「思考不夠深入」，就是輕易聽信傳言，沒有意識到內容是否有可議之處。只看表象，不多加思考其他關聯性或前因後果，就認定那是全部的真相。甚至很可能連傳言的真偽也沒有進行確認。

因此，這樣的人常常會輕易相信報章雜誌或是部落格所寫的內容。甚至還很容易被電視新聞或是綜藝節目中的名嘴說服，將他們所說的話照單全收。

這樣的人不會試著去思考自己所看到、聽到的，是否就是真實的情況。沒有理清自己的思路，所以無法掌握正確的資訊，以致無法使他人信服。

若你也有上述這些情況，那麼被人批評「想得太過膚淺、不夠深入」，也無從反駁了。因為事實就是如此。

爲什麼思考會僅止於表面？

思考會僅止於表面其中一個原因，就是將媒體所給予的訊息都照單全收。

許多人會輕易相信媒體所發表的內容。信任電視、知名報紙不會報導不實消息或是捏造事實，認為媒體所播報的資訊都是正確無誤的人，所在多有。

事實上，不論是媒體或其他訊息來源，幾乎都是某人出於某些意圖所發布的內容，資訊不僅有所偏頗，甚至有明顯錯誤。因此，對於這些資訊必須抱持懷疑態度，但有許多人卻是盲從相信。

這在許多其他國家是相當不可思議的事，不論是歐美或東南亞國家，對於媒體播報的內容大多抱持著批判態度。或者應該說，就他們看來，以批判的觀點看待媒體是種常識。

此外，很多人輕易相信媒體資訊，也跟我們幾乎沒有觀看英文的電視新聞、報導，或者書籍有關。雖說多半是因為許多人的英文能力不足以閱聽這些資訊，但這樣的情況，卻造成我們經常不斷地重複舉用一小部分人所翻譯的內容。

這表示我們所得到海外的資訊不僅相當偏頗，也使我們難以察覺海外報導與國內媒體所播報內容之間的差距。

同時，大部分人也傾向於相信專家或是旁人所說的話，只要是充滿自信的發言，就不自覺的全盤接受，不管他們說了什麼，只會回答：「喔，這樣啊。」

就這層意義上而言，很多人沒有自己的想法，無法明辨是非。

如此一來，往往只看到事物的表象，並停留在膚淺的思考上。因為我們沒有自己蒐集資訊，窮究問題，以及整理思路的習慣，所以常常會將獲得的訊息不經消化地照單全收。

「深入思考」的方法

為了洗刷「思考不夠深入」的污名，我們必須盡可能深入地思考，窮究問題，直到可以說出「原來如此」為止。

只要思考深度夠，不論是被主管或旁人質疑時，都能夠當場不慌不忙地回答出「那是因為這樣」、「如您所說，但因為這樣的原因，所以這次我們採取這種做法」。

只要這樣明確地回答過一次，之後就比較不會被旁人咄咄逼人的追問問題了。雖然無法保證不會再遇到對方壓根就不相信你，才會不斷質疑的狀況，但大多數的情況是，對方大致上是相信你的，但還是有些部分需要確認才會提問。

因此，只要一開始可以從容不迫地回答問題，之後對方就不會再咄咄逼人了。這種做法是掌握了提問方的心理。若是一開始回答時就吞吞吐吐，說不出個所以然來，之後的質疑只會想當然耳地接踵而至。

不過，也常有自己認為已經考慮得相當周全了，其實依舊不夠深入的情況。因此，筆者建議曾被人提醒過「考慮得不夠深入、太過膚淺」的人，可以嘗試在事前向第三者說明自己所思考的內容，看看是否能夠說服對方。

若對方提出諸如「為什麼會得到這種結論？」、「我完全聽不懂」、「後半段沒有說明到」等問題，可以再試著就這些部分加以深入探討。用這種方法確認自己遺漏的重點，就可以迅速強化自己的論點。

反覆幾次這樣的過程，就可以逐步掌握自己容易輕忽、疏於深究哪些層面的問題了。

確認自己的思考是否過於表面的過程，不需無限深入與擴大，一方面也是沒有那麼多的時間。

通常只要透過向第三者說明，並就對方提出質疑的部分加以改善，兩三次之後，立論具備了大致的基礎，就足以發表了。

在進行這項工作時，盡可能選擇能明確說出自己意見的第三者，若是拜託不太會表明自己意見的人，只會得到諸如「對啊」、「可能吧……」、「說不定照你說的也行……」之類的回應，難以得知明確的問題所在。

一般來說，可以拜託同事或朋友，只要問一句「可以跟你討論一下嗎？」就好了。不擅長發表自己意見的人或許因為害羞，而不敢輕易地拜託同事或朋友這種事，但這麼做的成效相當好，請務必嘗試看看。

經過這番準備後，面對主管的質問時，也不至於會太過緊張了。由此可知，要克服「思考不夠深入，過於膚淺」的問題，並不是那麼困難的事。

態度沒有自信，會讓對方察覺到你的不安

一被質問就容易愣在當場無法回應的人，很大一部分的原因是「沒有自信」。

沒有自信的人，就是無法肯定自己，無法認定「自己這麼做沒有錯」、「我是理所當然站在這個位置」、「雖然辛苦但我已經盡己所能地努力過了」。

若是沒有自信，就很容易因為偶發事故，或是旁人無心的言論而亂了手腳，進而陷入沉默、鑽牛角尖中。甚至有些人會惱羞成怒，衝動無理地抨擊他人。

缺乏自信的人，有很多是小時候很少被父母師長誇獎，或是常被嚴厲斥責，才造成長大後有這種傾向。

許多童年缺乏親情記憶的人，會難以用正面肯定的眼光來看待自己。若是再加上進入社會後，少有被主管誇獎的經驗，甚至是常被罵得狗血淋頭，會讓他愈來愈缺乏自信，連先前建立起的一點信心也被打擊得體無完膚。

根據筆者的經驗，日本的主管很少誇獎部屬。很多當主管的都認為「既然你領了薪水，理所當然該做好工作」。其中有些人是因為「自己沒有被誇獎過，所以也不曉得該如何誇獎別人」，也有些人是杞人憂天地認為「一旦誇獎了部屬反而會使他鬆懈」。

獲得誇獎或慰勞後，更能拿出幹勁，這是人之常情。只是不曉得為什麼在我們的社會中卻鮮少有人有這種觀念。

當部屬交出亮眼的工作成果，或雖無功勞但有苦勞時，多誇獎或慰勞他們並不是件壞事。筆者曾建議許多企業的管理階層如此實踐，部屬們的反應都好得出乎預期，工作效率也提升了不少。

在公司不曾被誇獎、認同與慰勞的員工，最後也會難以肯定自己、建立起自信心。一旦進入這樣的狀態，員工很可能因為一點小事就受挫，或是反應過於極端，稍有挫折就喪失工作意願。這也會導致他們愈來愈不敢在人前發表意見。

沒有自信心的人，同樣會對自己的判斷持疑。就算想建立自信，投注了大量時間精力拚命檢討自己的論點，但因為根柢不夠穩固，導致這樣的信心無法安定。

此外，在無法百分之百確定自己想法正確的情況下，不安也會表現在臉上。人無法百分之百地隱藏自己的表情，因此說話者的不安也會傳達給對方。

如此一來，對方很可能認為：「說話者怎麼一點自信也沒有」、「該不會沒有充分檢討過這個問題吧」、「強硬一點說不定可以榨出些什麼來」，因而開始咄咄逼人。

由於說話者無法冷靜地回答問題，理所當然會導致對方有所疑慮，而不斷提出質疑。

原本講者對自己的意見、提案就不太有信心了，一被質疑就開始緊張動搖，愈來愈不曉得該如何回應。

而因為受不了這樣的壓力，他很可能一不小心說出了一些想逃避問題而語無倫次的內容，導致情況愈來愈糟糕。

雖然也可以坦承對自己的意見或提案並沒有自信，來緩和對方的質問，但這麼做可能又讓對方認定自己辦事能力不足。愈是想要隱瞞自己沒有信心，只會愈來愈難贏得對方的信賴。對方甚至可能會看準這項弱點開始追擊，一步一步將自己逼入絕境。

有備無患，面對問題就不會當場愣住、手足無措

那要怎麼做，才可以避免這些窘境呢？

針對這個問題，雖然沒有魔法般的萬靈藥，但筆者還是可以提出一點建議。

簡單來說，就是「有備無患」、「平常就建立起足以應對論戰的思路」。僅是做到這一點，便能在某種程度上避免面對問題時當場愣住的情況。

一旦當場愣住，要再回到原本的討論上來會有點困難，因此要靠事前準備來避免被問到啞口無言的狀況。

那麼，究竟該如何準備才好呢？

①從平常蒐集資訊開始就「用自己的方式多下點工夫」。

從平常就開始蒐集資訊；傾聽他人的意見；早上早點起來參與上班前的晨間活動；遇見人也不嫌麻煩地發封簡訊問好等，從日常生活開始下工夫。

從這些小地方開始產生良性循環，如此一來，也能幫助你建立自信。

「比別人更努力」、「用自己的方式努力」、「特別下點工夫」，絕對不是什麼困難的事，只要有決心就能辦到。無關乎有沒有自信，這些都不是特別難以達成的行動。而且僅是透過這些努力就能建立起相當的自信。

講得更白一些，就是「用耍心機的方式多下點工夫」。每個人在人際關係上多少會耍點小心機，但白費心機的情況也所在多有，而因此失去了持續的動力。筆者強調「用耍心機的方式多下點工夫」，不是真的要你心機重重，而是要你再多付出一點心力與努力來獲得資訊。

②另一項準備就是，平常就要養成深入思考的習慣。

只要能養成這種習慣，不論何時、面對何種問題都能適當地回應，也能讓你以冷靜的態度面對質疑。只要做到這一點，就可以產生良性循環。

甚至可能讓提問方開始質疑自己的問題、自亂陣腳、說出前後矛盾的話等。因為，當所提出的問題獲得合理的回應時，一般人會開始檢討「我的提問是不是不恰當？」、「說不定他說得沒錯。太過施壓可能造成反效果」。

③第三項建議要做好的準備就是，隨時設想模擬對方提問的可能情境與想法。對於對方的可能反應與提問具有心理準備，就可以減少因突如其來的問題而讓自己慌亂的情況。

同時，可以揣測到對方的可能行動，也能讓自己有某種程度的安心，進而能冷靜地應對。

只要養成上述三種習慣，自然可以大幅減少面對問題時，出現「腦筋一片空白」的情況了。

SUMMARY

- 「思考不夠深入」、「沒有自信」的人，面對問題時容易腦中一片空白。
- 若只將聽到的話照單全收，思考就會過於膚淺。
- 將自己的思考內容說給第三者聽，可以找到自己的盲點與漏洞。
- 從日常生活開始練習深入思考，能大幅減少面對問題時腦中一片空白的窘境。
- 養成思考對方提出問題時的可能情境與想法的習慣。

養成隨時思考的習慣

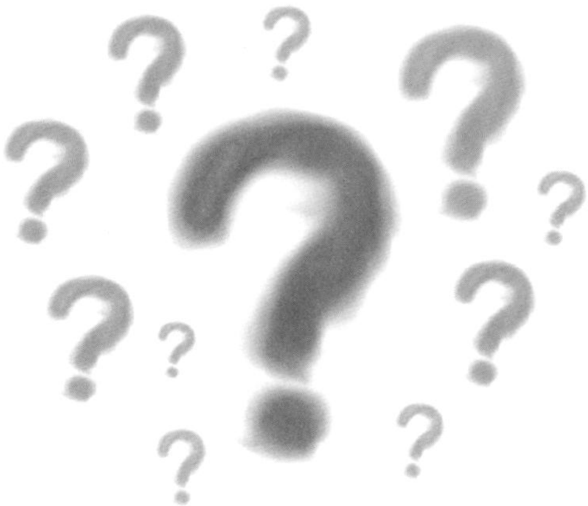

Chapter 1

Point 1

對所有事物保持好奇心

找出自己有興趣的事，會更樂於思考

想要擁有「思路清晰」、「有效溝通」的臨場應對力，最重要的事前準備，便是「思考方式」。訓練思考方式的方法其實很簡單。

首先，請試著思考自己喜歡、感興趣的事。這樣更能實際體會到「思考」這件事。

每一個人對於自己喜歡、有興趣的事，都會忍不住愈想愈多，並大量吸收相關的知識。

好奇心強的人，對於任何事都會立刻去查詢、閱讀相關書籍，或者詢問他人。而這麼做的同時，又更激起了他的好奇心，讓他每天都過著充滿期待、快樂的日子。

當這樣的生活方式成為習慣，思考便不再是件苦差事，不僅不會感到辛苦，還會覺得時間都不夠用。在東想西想，到處查閱、對話之中，每一天都充滿了樂趣。因此，若你是「認為思考是件難事」的人，那麼就請找到一件自己喜歡、有興趣的事物，任何事物都可以。之後就盡可能的去查閱關於這件事物的各種資訊，或參與相關活動。

每天分配一些時間給這項興趣，持續一段時間後，我相信大家對於所謂「保持好奇心」、「出於好奇心而行動」的看法，或多或少會與先前有所不同。

刺激好奇心
養成隨時思考的習慣

只要有了開頭，相信之後你有興趣並充滿好奇心的事物，會愈來愈多。例如，對做菜或餐具的發展歷史有興趣，便進入餐飲學校學習，之後甚至遠征法國深入研究；而後又對蛋糕產生興趣，立志成為甜點師傅；接著又喜歡上葡萄酒，而挑戰品酒師證照等等。

像這樣只要找到自己喜歡的事物，去思考它，就能從中獲得樂趣，自己也可以逐漸擴展感興趣的範圍，加以深入研究。與此同時，也能夠理解投注精力於某件事物上，是種什麼樣的感覺了。

不論是音樂、運動、烹飪、出國旅行或其他領域，只要對自己感興趣的事物，就花時間去研究、看書、聽他人的見解、加以實行，就能刺激自己的好奇心，自然就可以養成隨時思考的習慣了。

不過，不論多喜歡足球或職棒，筆者不建議各位一有地主賽就跑去加油、在運動酒吧喝個爛醉鬧了整晚，之後卻什麼也不查、不進行深入討論。

筆者的重點在於，希望各位對於自己感興趣的事物，可以基於求知欲而加以行動。

Point 2

找到一件感興趣的事物，深入研究

深入研究自己感興趣的事物，就能成爲專家

筆者認為，訓練思考的首要之務，就是找到一件感興趣的事物，做深入的研究。

雖然許多人會認為「不論對自己的興趣多麼鑽研，若是跟工作一點關係都沒有，就不該浪費太多時間在上頭」，但筆者卻不這麼認為。因為投注精力在興趣上，可以讓我們理解並習慣所謂「深入研究某件事」是一種什麼樣的行為。

所謂的「深入研究」，並不單純只是喜歡、有興趣，而是要盡自己所能地投注心血在其中。也就是要做到像是在網路上徹底地搜尋相關資料、閱讀所有相關書籍、撰寫部落格，以及在能力範圍內盡可能實際參與體驗等等。

以運動為例，除了持續地練習，還必須在網路上搜尋各種資料、閱讀相關書籍，以及撰寫部落格等。重要的是，透過這些實踐來一點一滴地滿足自己對知識的渴求。

至少針對一項自己感興趣的事物深入探討研究，便能成為「專家」。也就是其他的同好者會來找你討論、交換資訊，並受人尊敬的「專家」。

到了這個階段，相信你已自然而然地學會蒐集資料、提出看法、實際行動，以及在團體中互動等的方法了。如此便能培養出對自己的信心，心理上也能更加安定從容。

若再更加深入窮究，或許有些人還能夠藉此提高自己的收入，甚至以此為職業的也大有人在。

例如，一個喜愛足球的少年在支持喜歡的職業足球隊伍的同時，迷上了比較並研究球賽的戰略。後來只要到了世界盃比賽，就一定會請十二週的休假前去觀戰，並將心得寫在部落格上，因此成為知名的部落客，還出版書籍，並擔任電視的轉播球評等等，也是極可能發生的。

深入到這種階段，自然就會身體力行樂在思考、深入窮究相關領域、為滿足求知欲而發起行動等基礎方法了。

Point 3

一有感興趣的事立刻上網搜尋

不論感興趣的是什麼事，都試著立刻上網搜尋

一有感興趣的事便立刻上網搜尋，這個行為其實是相當重要的。不論是喜歡的歌手在美國的巡迴公演，或是聽說有大量中國人到日本觀光並購買伴手禮，又或者是朋友提到有一間新型態的餐廳開幕等等消息，都要馬上搜尋。

舉例來說，關於喜歡的歌手在美國巡迴公演的消息，不是只有閱讀歌友會的電子報，而是要嘗試去搜尋有舉辦公演的舊金山、洛杉磯、紐約等地觀眾的反應如何？為什麼會有這些的想法？是否與他們所在都市的文化、歷史背景等有關聯？這些城市和我們國家有什麼樣的關係？甚至還要深入到這些城市的人口組成以及產業結構等等。

如此一來，就能夠知道為什麼你心儀的歌手要隨著公演地區改變公演的曲目，以及表演方式了。

現代的維基百科上已經有了相當程度的資料，只要瀏覽個十五分鐘就能夠了解許多事。輸入關鍵字，瀏覽二、三十則文章，便能大幅擴展自己的知識，而這樣的努力，相信也會更加深你對那位巡迴演出中的歌手的感情。

如果具有英文基礎，也可以嘗試閱讀英文相關報導。如此便能知道媒體是如何報導這名歌手，而網友們對這樣的報導有什麼看法，以及在哪個城市的反應比較好等等資訊。

在查詢歌手演出報導的同時，也會知道巡迴公演的第一站舊金山最近發生了些什麼事，還能自然而然地記住美國西部的開拓歷史。

筆者在前言中提到「將資訊全盤皆收會讓思考過於膚淺」，但經過這樣的多方查詢後，一定會看到許多完全相反的意見，這時也會讓你做出屬於自己的判斷。

養成深入搜尋網路資料的習慣

筆者之所以會說搜尋網路資料相當重要，是希望大家養成一有在意的事情就要立刻查找資料的習慣，因為養成這個習慣會帶給你許多好處。

第一個好處：**一旦養成搜尋資料的習慣，蒐集資訊、調查資料、深入探討對你來說，將不再是件苦差事了**。因為你一遇到在意的問題就會馬上去搜尋相關資訊。

第二個好處：在反覆進行發現問題，進而搜尋找到答案的過程中，能夠**學會搜尋查找資料的方法，並且了解各種搜尋引擎的特性，提升自己對資訊的敏感度，也就是提升駕馭資訊的能力**。

第三個好處：**藉由搜尋網路增加自己的知識，可以帶來超乎預期的自信心，進而反映在從容的應對態度上**。

提升搜尋技巧
可產生良性循環

所謂熟能生巧，只要養成一有在意的事便立刻搜尋資料的習慣，就能夠隨時迅速找到自己需要的資訊。

每當找到想要的資料時，就會感到十分高興，如此一來又更能提升對資訊的敏感度，易於產生良性循環。常可見到，花了許多時間學習一件事卻看不見任何成果，或是需要強大的耐心及毅力來完成，最後往往是半途而廢。但上網搜尋資料，立刻就能夠得到成果，自然就會感覺「搜尋資料是件愉快的事」。

技巧就是愈用愈熟練，良性循環也就因此而生。容易產生良性循環的事，並不只限於搜尋網路資料，盡己所能地多去發掘其他的事吧。

也就是說，要時時思考「這件事要怎麼做才能自然產生良性循環呢？」進而在各方面多花點心思。

Point 4

對任何事有所感觸，便與人分享

說出自己的想法有助於整理思緒

若在網路上看到資料或是聽了別人的意見而有所啟發時，立刻與身邊的人分享，對於整理自己的思緒相當有幫助。就像是告訴朋友家人新奇有趣的見聞一般，因為自己有所感觸，所敘述的內容相對會比較豐富，以對方的立場而言也能藉此有所收穫。

更進一步，多次與不同的人分享同一件事時，既可以練習發表意見，更能練習發表意見的技巧。因為每次的發表對象都不相同，對對方而言你所發表的內容都是初次聽聞，因此不需多慮，每次都談同一件事就可以了。

在一次次的發表意見過程中，你一定可以感覺到自己的想法不斷經過整理淬鍊。一開始時多少會有點混亂不清，但第二次肯定就順暢許多。到了第三次時，已經建立起自信心，可以從容應對對方所提出的問題了。

只要習慣了這個過程，不論任何事都能在一開始就暢所欲言。更不用說，經過了一次又一次的講解說明，還可以加深自己的記憶，下一次便能以更容易理解的方式說明自己的看法了。

就和搞笑藝人會一次又一次地反覆練習同樣的內容一樣。

自己會有所感觸的內容，一定有它值得探討的部分，聽到你分享的人一定也會很高興。如此一來，自己也會跟著開心起來，進而想要蒐集更多有意思的內容來與他人分享。

嘗試與他人對話，能幫助自己學會如何應對臨場提問

養成一有所感觸便立刻與人分享的習慣，不但可以改善自己的口條，還可以知道哪種說明方式會讓對方產生疑惑，而哪種說明方式可以迅速獲得信任，以及補充哪些資訊更能

令人信服等等。

每次面對不同的對象，有些人會仔細地聽完並提出問題，但一定也有些人心不在焉，甚至可能沒什麼耐性，在回答這些人的各種問題的同時，也能確實地提升自己應對問題的能力。

平時就養成這個習慣，可以愈加擅長在蒐集資料並消化之後，以淺顯易懂的方式向他人說明，自己也能夠從中獲得樂趣。這麼做不但可以改善口條，還能增加自信，讓自己的應對態度更加從容不迫。

所謂從容不迫的臨場應對態度，其實就是擁有不卑不亢地面對他人的能力，以及想要養成此種能力的動力。

只要能充滿自信地發表意見，不論是在職場或是其他場合中，就能以完全不同於先前的態度來面對他人了。

Point 5

利用A4紙做筆記，鍛鍊「零秒反應力」

在A4紙上迅速做筆記

筆者建議各位可以將自己有所感觸的事、煩心的事，或是腦中浮現的想法，都立刻寫在A4紙上。

運用這個方法，可以讓思路清晰，還能幫助自己馬上回答他人的提問，是一種非常棒的溝通準備方式。

任何人都辦得到，一天只要花費十分鐘，還可以活用零碎時間，也不需要高昂的費用。

A4筆記的寫法，筆者已經在演講及工作坊中向至少上千人說明過，僅是請大家將想法當場寫下來，大家就能感受到極大的變化。

MEMO 1 2015/6/30

我在什麼時候會腦中一片空白

—被上司質問的時候腦中一片空白。

—對方講得太快時，我還在想清楚他的問題的同時，就會不自覺有些奇怪的舉動。

—我很怕被人逼問：「到底是要這樣，還是那樣？」

—有沒有什麼辦法可以做些事前準備呢？

這個方法就是，將A4紙橫放，在左上角寫上標題，右上角寫上日期，本文僅需寫四至六行，每行各二十至三十個字即可。從早上起床到晚上睡前，盡可能抽出一分鐘時間來寫完一頁。

像上圖這樣子就可以了。

在寫內文的時候，有些人會標上編號，但那樣比畫個「―」還花時間，況且編號也毫無意義，因此不需要特別編號。

在還不習慣這種方法時，一行可能只能寫五至七個字，要盡量努力寫到四至六行，每行各二十至三十個字。憑直覺寫就可以了。一開始以三至四行，每行十五至二十個字為目標，漸進努力即可。

一分鐘寫一頁

這種「寫筆記」的方法十分簡單。重點在於不要花費太多時間，而是要在一分鐘以內寫完。想要在一分鐘內寫完，沒有時間左思右想、挑選措詞，必須直覺地將想到的內容直接記下來。

在工作坊讓大家實作時，筆者真的準備了倒數一分鐘的碼表計時，一開始時每個人都會哀嚎「咦？時間到了嗎？」、「不會吧！」

要求大家在一分鐘內寫完的原因在於：強迫在一分鐘內所寫下的內容，與花了三至四分鐘寫的內容其實大同小異，而且不加多想就寫下來的內容更能直覺、明確地寫出自己的意見。

雖說是「不加多想」，但其實腦中還是有在思考，只是希望大家不要想太多，不需要思前想後的意思。

請試著像下一頁的圖例，再寫兩頁看看。

MEMO 2

2015/6/30

為什麼早我一年進公司的山田不怕被問問題呢？

—山田總是可以平靜地回答。

—他所做的準備看起來和我也沒有不一樣。

—他準備的書面資料跟我的差不多，卻不太會被質疑。

—為什麼他可以這麼輕鬆地回答問題？

MEMO 3

2015/6/30

試著問問看山田為什麼可以心平氣和吧

—他是怎麼準備的？

—主管提問時他是怎麼思考並回答的？

—為什麼他都不會啞口無言、不知所措？

—他覺得我該怎麼做才能跟他一樣呢？

像這樣寫下一張張筆記的同時，就能有許多新的發現。

在第一張筆記時，想的都是為什麼早自己一年進公司的山田可以平靜地面對他人的提問。

而下一張筆記中就發現到，「好像從沒見過山田驚慌失措的樣子呢」。

不需多想，將腦海中浮現的內容直接寫下來

將腦中瞬間浮現的想法寫下來，不但可以大大地幫助自己整理思緒，還可以發洩情緒。情緒獲得宣洩，思考就能輕鬆起來，壓力也會隨之減輕。

只要減少心中的不安與困惑，自信也會隨之產生。有許多人無法強化自己的信心，或讓自己更有自信。只要這麼做，減少心中的疑惑與不安，自信心就會自然而然地產生，請各位一定要實行這個方法。

這個方法不但可以整理思緒，加強自信，還可以養成從平常就開始思考的習慣。

寫筆記的重點在於：不需多想，將腦海中浮現的內容直接寫下來就好。之所以不需多想，是因為很多時候我們即使多加思考，依舊無法獲得有幫助的解答。反倒變成鑽牛角尖，難以找到新的突破。這樣一來，便無法期待自己的思考可以有所前進。

真正頭腦好的人，比如將棋或圍棋的棋手會花許多時間深思熟慮，但一般人幾乎沒辦法做到那種程度。當然，筆者自己也不例外。

我想大部分的情況都是，就算花了大把的時間煩惱，結果也無法改變什麼，只是浪費時間而已。一旦開始鑽牛角尖，就只會在意旁人的眼光，拚命想寫出一鳴驚人的意見來讓人刮目相看，其實一點好處也沒有。

因此，筆者才會建議大家不用想太多，只要將腦中浮現的想法直接記下來就可以了。

只要開始做筆記，三週就能感受到變化

每天堅持寫十頁筆記，許多人在三週之後就可以感覺到相當程度的變化：在小組會議時更能理解他人的發言，自己的發言與提案被採納的機率也提高了。

持續做筆記，就能整理思路，幫助自己理解他人的發言，也能讓自己做出簡潔易懂的提案。

此外，每天寫A4筆記，持續幾個月下來還可以穩定情緒，讓你保持冷靜的態度面對事物。工作都能確實完成，自然可以減少被主管刁難的機會了。

就算面對主管的質問，由於你的思路清晰有條不紊，也就能臨場給出確實的答案。就算一時間答不出來，也可以隨機應變做出回應，不致讓腦袋陷入一片空白。

將寫下的A4筆記分類整理至七至十個資料夾中

每天寫十頁，一段時間後就會累積可觀的A4筆記。別將這些筆記隨手亂堆，最好可以分類收進資料夾保存。不過，分類若太瑣碎，之後也只會給自己找麻煩，大約分成七至十個類別就夠了。

例如可以整理成下列七個分類：

- 工作的靈感
- 提升速度的要點
- 與主管溝通的方法
- 與組員溝通的內容
- 專案的推行方式
- 將來的願景
- 思路整理

在睡前，將每天寫的筆記歸類到各個資料夾中。若不曉得該歸到哪一類，也可以稍微調整資料夾的分類方法。經過幾次調整後，一定可以找到最適合自己的分類。

只要這樣每天寫十至二十頁的A4筆記，並加以分類，就可以理清思路，讓自己更有思考的空間。

Point 6

思考，是件快樂的事

因爲「念書」或「工作」才被迫思考，一點也不快樂

有多少讀者認為思考是件愉快的事呢？

在幼稚園、小學階段，應該有許多人會覺得天馬行空的思考是件相當快樂的事才對。甚至可能有許多人當時熱衷於各式各樣的幻想之中，並將腦中編的故事畫下來。

但因為「讀書」或「工作」等要被迫思考時，思考這件事就愈來愈令人掃興了。

當學生時要考試，好不容易長大了，又要面對工作的業績壓力，即使已不再有爸媽的叨念，但會有主管來大呼小叫，僅是要在職場生存下去，就已經是件千辛萬苦的事了。

就算原本是件愉快的事，但因為各種令人不快的方式被迫去做，最後導致許多人會認

為思考本身是件痛苦的事。

只要提高行動力，就能學會樂於思考

雖然沒有立竿見影的解決方式，但只要能釐清思緒、暢所欲言、提升行動力，自己的想法也會變得更積極：「下次就這麼做吧」、「這樣做如何呢？那件事要怎麼處理呢？」進而樂於思考。

只要想法積極，樂於思考，便可以減少從前那種腦中一團混亂的感覺；思路清晰有條不紊，自然就不會衝動行事了。

如此一定可以找回幼稚園、小學時，那種認為「思考是件愉快的事」的心情。

如果你是要帶領幾名部屬的小組長，讓自己的組員們可以「自主思考、發言、行動」就看組長的手腕了。一旦能讓大家想起「思考是件愉快的事」，小組的辦事效率也可以大幅提升了。

SUMMARY

- 先從自己有興趣的事情開始，養成思考的習慣。
- 養成一有感興趣的事立刻上網搜尋的習慣，就可以形成良性循環。
- 將腦海中浮現的想法直覺地寫在A4筆記上，為發言做準備。
- 寫筆記有助於整理思緒，幫助自己做出清晰易懂的發言。
- 提高行動力，就可以樂於正向思考。

確立自己的意見，訓練發言時的應對能力

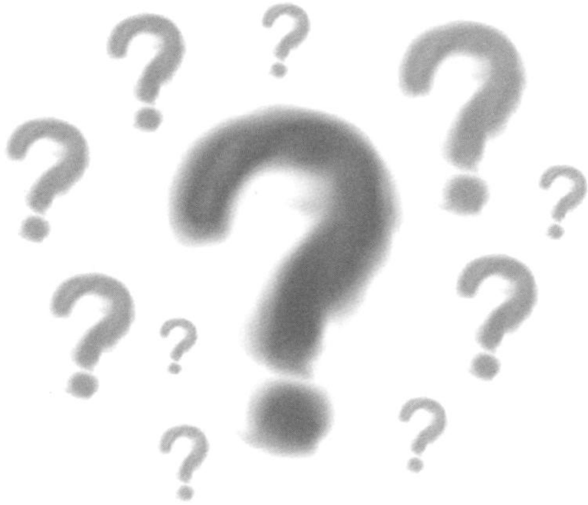

Chapter 2

Point 7

對任何事都要能提出自己的看法

比以往更深入思考

想訓練臨場應對能力，不僅要從平常就養成思考的習慣，更重要的是，對所有事情都必須能提出更進一步的看法。

不要說自己是文科出身，對理科的事情不了解，或是藉口政治經濟之類的事太複雜很麻煩，而放棄思考。所謂「對所有事情都能提出自己的看法」，就是所有的事都要嘗試自己從頭到尾徹底思考一次。

閱讀報紙的時候，不要只是讀過去就算了，而是要試著深入思考現在的世界上發生了什麼事，而這些事情與自己又有什麼關聯。

例如，當看到「我們正一步步邁入高齡化社會」這則新聞時，不能只是想「這議題從以前就在講了，畢竟人都會老，沒辦法嘛」，而是要進一步思考：

- 所謂進入高齡化社會，對年輕人有什麼影響？
- 報導說老人年金制度有漏洞，指的是什麼？
- 身邊朋友有許多都沒結婚，社會確實有少子化的傾向。
- 這樣一來，高齡人口的比例增加了多少？
- 這對二十年後、四十年後的自己有什麼影響？

或許你之前看新聞的時候，什麼都沒想，就算跟家人一起看電視，可能也只用一句「之後大概會很辛苦吧」帶過。

重點在於，要進步到自己會稍微做一下功課，思考事件的全貌，並與家人、朋友或是同事交換意見。

反覆這樣的對話，就能漸漸發展出新的見解，刺激想法，培養出可以思考自己不了解事物的能力。累積這種能力的結果就是，當主管等人從自己意料之外的觀點提出質疑時，也可以做出合適的回應。

再舉一個深入思考的例子。看到「人工智慧的時代來臨，將會有許多工作被淘汰」這樣的新聞時，若只說一句「喔，人工智慧啊？」就失去思考的機會了。

- 什麼樣的工作會被淘汰？
- 為什麼會淘汰這些工作？
- 人工智慧究竟是什麼？
- 這對自己的工作將會產生哪些影響？
- 若自己的工作也面臨被淘汰的危機，該先做什麼準備？

就算想到的問題點不多也沒關係，要嘗試著自己去思考：所謂的人工智慧究竟是什麼樣的技術；而這樣的技術為什麼會將現有的工作淘汰掉？面對淘汰的工作，自己有何對策等等問題。

許多事情只要肯思考就能理解

我們的確無法預知未來，尤其是十年二十年後的事，就算去想也只能有個模糊的概念，再加上每個人對未來都有不同的看法，眾說紛紜，更令人抓不到重點。可能有許多人，會因此放棄去思考這些問題了。

筆者自己從前也是這樣。對感興趣的事當然願意去想，但對未來的情況既不明瞭，也沒有想求證的動機，總認為「算了，船到橋頭自然直」就不再去想這個問題。

像這樣完全不去思考，當然會對目前以及將來的事一點概念都沒有。但筆者後來發現，其實許多事情只要願意去思考，就可以獲得一些梗概。

因此，筆者之後在遇到不了解的事情時，不再兩手一攤置之不理，而是會去詢問專家的意見，盡可能地深入思考。

訓練預測未來的能力

就算是未來的事，有許多其實我們現在就能預見。雖然我們不曉得三年後、五年後會發生什麼事，更不用說十年、十五年後的事了。但我們可以有某種程度的預見，情況中期將會產生怎樣的變化，而長期又會有什麼樣的發展。

完全天翻地覆的變化很少見，著眼於現有的各個領域的發展，預想它們何時會進展到什麼樣的地步，就已經可以涵蓋大部分的層面了。

- 貨幣緊縮政策將來有什麼影響？
- 舉辦國際奧運之後的國內將會有什麼變化？
- 人工智慧會發展到什麼程度？
- 亞洲的開發會持續到什麼時候？
- 醫學現在是以怎樣的速度在發展？
- 能源問題將來會有什麼解決對策？
- 電費高漲影響到許多產業，這些產業今後將會如何？
- 在少子化、高齡化的社會下，國內的產業會有什麼變化？

這些面向，對社會都有強大的影響力，因此要趁現在，尤其是各大企業更需要對這些問題提出明確的方針。

與人工智慧相關的領域近年來呈爆炸性成長，每天都有許多的新資訊湧入，業界出現劇烈的變化，而這些變化正逐漸取代現有人們的工作。現在已有實際的狀況在我們的生活中發生。

就算不曉得具體來說是哪些工作已經被取代了，但可以想見反覆且機械式的工作勢必會逐漸減少。

在公司中，管理階層經常會提到這類資訊，這種時候若接不上話，很可能會被取笑是個不認真的員工。若常常因為這種事被取笑，真的不是件很好的事。

對任何事都能提出自己看法的重要性

若一開始就完全不做深入思考，不論是對數年後可能面臨的情況，或往後的人生目標都毫無想法，只會說「未來的事誰曉得呢？」、「所以也沒辦法先做準備嘛！」、「反正船到橋頭自然直，現在就算了」這種話。

這樣完全就是停止思考的狀態，就工作來講甚至可以說是瀆職怠工了。重要的是要盡自己所知去思考，隨時保持凡事預做準備的態度。

若連稍微思考一下就能預想情況這種事都不去做，不僅是眼前的議題，連其他切身事物也會漠不關心。

無法提出自己的意見看法，只是隨波逐流，工作上一定也只求得過且過。

大部分人其實不太能掌握什麼事該認真，而什麼事該放鬆。正因如此，「對所有事都應該能提出自己的看法」這點，才會如此重要。

Point 8

不需投入大量時間就能確立自己的意見

不需投入大量時間就能確立自己的意見

雖說要學會對所有事情都能提出自己的看法，但不可能每件事都能隨時投入大量時間慢慢地查詢。一定有很多人現在就覺得時間完全不夠用了，因此我們非常需要「不需花費太多時間就能提出自己意見」的辦法。

雖說如此，例如要一天與人交換幾十則 Line 訊息的人，把訊息量減半以挪出時間來，想也知道用說的比做的容易。不僅是 Line，E-mail、Facebook、推特、網路搜尋、Skype 會議、瀏覽 YouTube 等影片網站這些事，都會占去我們的時間。

在這種情況下，可以用點小技巧做到「不花太多時間就能提出自己意見」的人，就能具有應對臨場提問的能力。

只做短時間能做到的事

要擠出時間，有許多方法。

第一個辦法：**總之，盡可能地迅速完成工作。以做到能夠迅雷不及掩耳，快到會被人問「有必要做這麼快嗎」的速度為目標。**

我過去幾十年來，見過許多大企業、中小企業到新創企業等公司的營運方法，但從沒見過會讓我覺得「迅速」的作業流程。每個人看起來都十分忙碌，但再仔細觀察，會發現他們在每個步驟上花費了相當多的時間。尤其是行政管理單位，更是作業謹慎仔細。他們應該是認為欲速則不達，不如緩慢而確實地完成工作，省得之後還要花力氣補救。

不過，在日本企業的組織架構、風氣、管理階層的工作指示方式等綜合考量下，這樣的作業方式可說是效率不彰，很難達到「迅速」的階段。

要仔細準備龐大的資料。因此在之前要細心地蒐集情報，在文件資料上貼了許多便利貼、複印存底，之後才開始檢討內容。

第二個辦法：**快點拋開「如果不花時間盡可能查詢各種各樣的資料，會無法提出自己**

意見」這種想法。

要知道資料是查不完的。若要查遍所有資料才能提出想法，時間永遠不會夠用。現在網路上資訊量大到難以估計，甚至每天都有新的資料不斷出來。但仔細檢視，可以發現許多文章只是複製貼上相同的內容，而對於我們即將採取的行動無法提供新觀點的文章，也是多得難以計數。要把這些全部讀遍，幾乎是不可能的任務也沒有多大助益。

因此，最好可以毅然決然的「只做短時間能做到的事」。就算時間不長，也是可以抓到一些重點，從這些重點開始思考就很夠了。所以就算只花十分鐘也好，針對感興趣的內容立刻搜尋、閱讀幾則網路文章，也能讓自己的知識有相當的增長，並找到思考的切入點。

要在完全沒有相關知識的情況下想出新的想法，提出新論點並不是件容易的事。相較之下，先大量地累積資料，再以這些資料為基礎來思考，會容易許多。

習慣了這樣的做法之後，不但可以充分滿足求知欲，對工作順利進行上也有實質的助益。最棒的一點是，不需花費太多時間就能做到這一點。

第三個辦法：**在閱讀資料的同時，就要馬上判斷自己是贊成或反對這篇資料的論點，**

還必須提出贊成或反對的理由。

因為資訊不足而持保留態度；因為還沒有徹底討論所以不發表意見，這樣的態度乍看之下是正確判斷，但其實只是在拖延時間而已。

既不是與人有任何約定，也不是因為被合約約束，明明沒有風險，這樣做只是逃避在所知甚少的狀況下做判斷而已。

這種態度偶爾會被稱讚為是「慎重」，但大多數的情況下，這樣的做法正是導致效率低下，提不出成果、成長緩慢的主因。

要隨時意識到自己必須在短時間內下判斷，才做得到這一點。

由於讓你思考的時間有限，因此在許多小地方都需要下點工夫，但實際上只要時常練習不浪費太多時間思考地下判斷，一段時間後對許多事情就能快速提出自己的見解了。

只要心中有所見地主張，就能保持從容，再加上應對問題的臨場反應力，不論被怎麼質問，都可以不慌不忙地予以回應了。

如此一來，被問到腦中一片空白的情況也會大幅降低。

Point 9

就算蒐集到的資料不多，也一定要發表意見

把握各種機會發表意見

不僅要對事情有自己的看法主張，盡可能地把握各種機會發表自己的意見也相當重要。

要把握如會議、異業交流會、年輕員工聚會、創業者集會、各種工作坊、健身聚會、旅行團、英語會話、音樂社團，或是烹飪會等等各種各樣的機會，不管是在工作場合或興趣的聚會上都沒有關係。

不論工作或興趣領域，都會有各式各樣的聚會，隨著聚會的成員不同，自己很可能是聚會中最了解狀況、做了最多功課的人。這時候只要自己提出意見，大家就會很高興，也

能獲得他人的尊敬，進而讓自己更有發表的動力。這種經驗非常重要，只要有這樣的經驗，就可以產生良性循環。

累積經驗也相當重要

要能夠順暢地發表自己的意見，累積發表的經驗是相當重要的。既然自己都準備好了明確的意見，卻只因為沒有做足心理準備導致發言時吞吞吐吐，這樣實在太可惜了。

不論會議的規模大小，只要不斷反覆地累積發言、應對質疑的經驗，心境就會大為改變。只要習慣了發表意見，就不會過度緊張，或是腦中一片空白。甚至漸漸會忘記自己曾經因為會過度緊張或腦中一片空白而煩惱了。

如此一來，發表意見對你而言也不再是件特別的事了。只要能保持平常心發言，就可以發揮百分之百的實力。這種坦然的態度，也可以給予上司或與會者安心感，減少不必要的質疑。讓他們自然產生「既然他／她這麼說了，就肯定不會錯，事情一定會順利」的感覺。

每次發言都會加速良性循環

這一點最重要的就是，隨著發言的機會增加，每次發表意見都能說服與會者，因而成為大家商量意見的對象。如此不僅能累積資訊，提高他人的信賴感，自己也能增加自信，並拿出幹勁。

如此一來，就會想要更進一步學習、做出貢獻，良性循環也就此展開，或者可以說因此加速了良性循環。

重點在於激起了多少的良性循環，一旦進入這種循環模式，不需花費太多力氣，情況也會漸漸往前推進。

不須拚死命地不斷努力，也不用咬緊牙關苦等結果出來，而是愉快地行動就會自然產生結果。做得愈多，好結果也會愈來愈多。

Point 10

就算沒辦法順暢地發表意見，也要嘗試修正之後再度發言

就算無法順暢發表意見
也要不斷地嘗試

就算想在聚會中努力嘗試發表自己的意見，但也很可能沒辦法清楚傳達自己的想法，而有了不好的回憶。

自己的意見不可能一開始就充滿說服力，再加上還不擅長表達的技巧，會有這種結果也是理所當然的。

任何人都有過這種情況，應該說一開始沒辦法順暢地發表意見才是正常的情況。

就算沒辦法順暢地發表意見也不用慌張，暫時冷靜下來重新檢討論點，再次嘗試就好了。

即使會覺得有點不好意思，但只要告訴自己「反正又沒什麼損失，只要我願意嘗試一定可以做到，只要習慣了發表意見，一生都能充滿自信」就可以了。

就跟第一次去KTV唱歌會有點走音是同樣的道理，任何人都會經歷這種過程。反倒是第一次就能唱得很完美才奇怪。

雖然一開始會有點走音，但只要多練習幾次，就會愈唱愈有心得，甚至捨不得放下麥克風了。

放鬆心情多加嘗試

筆者希望大家都可以試著將自己的意見告訴他人，在會議上發表意見，這些其實是相當快樂的事。表達自己的意見，應該是人類這種會群聚、建立社會的動物的本能行為吧。

或許有的人會說：「沒那回事，不論如何我都不會發言的。」但這應該只是出自於過去失敗的經驗，才會導致你會認為在人前發表意見是件討厭、應該設法避免的事。這個社會不是隨時都可以容許失敗，因此勢必有些人會有難受的回憶。

但事實上很多時候只是杞人憂天，時過境遷自己應該也有所成長，知道可以用其他的方法來面對失敗。所以筆者認為，只要保持輕鬆的心情，多加嘗試就可以了。

當然，筆者沒辦法強迫各位，也不是認定各位的顧慮一定是杞人憂天。就算你依然厭惡發言也沒關係。只不過與人對話其實是件相當有意思的事，筆者才會希望盡可能讓更多的人感受到其中的樂趣。朋友們肯定也十分歡迎你充滿自信地發表自己意見的。

還請轉換一下心境，務必開始嘗試主動發表意見。情況一定會有所轉變，你一定也可以感受到自己和從前大不相同了。

SUMMARY

- 要刻意地比之前更加深入思考。
- 製造與旁人交換意見的機會，也可以培養自己的臨場應對力。
- 要是習慣不深入思考，對所有事情也會得過且過。
- 要拋棄非得花大把時間查遍資料才發言的想法。
- 不只是建立自己的看法，更要把握各式各樣的機會發表意見。

寫好「講稿筆記」，進行「發表演練」

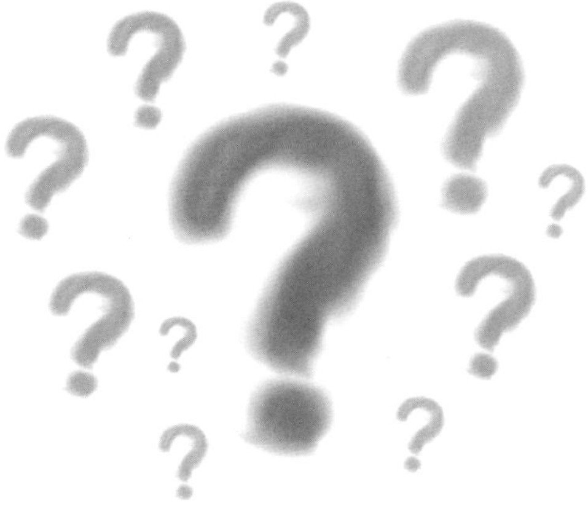

Chapter 3

Point 11

開會前先寫好「講稿筆記」

事先寫好「講稿筆記」

在之前的章節，我們已經談論過關於發表意見之前的想法，以及心理建設，接下來我們將討論有助於發表意見的具體方法：「講稿筆記」。

想要在會議上有效地發表自己的意見，必須先想好要說的內容，以及可能有人會提出哪些質疑，而面對這些提問又該如何回應等等。只要先寫好「講稿筆記」，就不用擔心這些問題了。

「講稿筆記」的內容不需要煩惱太多，只要將腦中浮現的想法直接寫下來就可以了。只是這麼做就能夠安定心神，減少被問到啞口無言當場愣住的情況了。

筆者至今依舊如此，面對所有需要發表意見的場合時，都會事先準備「講稿筆記」。

如此一來，不但不再有被問到當場愣住的情況，在寫下「講稿筆記」的過程中，也可以釐清這個會議所要達成的目標，更重要的是幫助自己安定心情。

既然有劇本可以看，為什麼要強迫自己空手上陣呢？

準備筆記也可以預防自己忘記必須提出的意見。不想再多花腦筋來記住不要漏講了什麼內容，應該說，不該花力氣在這上面。

盡可能寫成三點筆記

在筆記想法時，只要記下三項左右的要點就好了。

用前章講解過的A4筆記形式寫下來即可，既簡單，又方便統一整理。同樣不要花超過一分鐘以上的時間來做筆記。

「講稿筆記」就如下頁的圖例即可。

MEMO 1 2015/6/30

要在活動企劃週會上發表的內容

—要招攬五百名以上的顧客。重點是規模。

—內容不能和其他活動重複。

—訂立一個方便活用媒體宣傳的主題。

只要花二十至三十秒，將腦中想到的事直接寫下來就好，這樣做能大幅降低參加會議時的精神負擔。下面的例子是假設你任職於人事部，負責招募員工，要召開聘僱會議前可以這樣做筆記。

MEMO 2 2015/6/30

要在聘僱會議上發表的內容

—轉職者的素質低落。

—應徵的人數減少。

—我們必須思考與先前完全不同的招募方式。

不用想得太複雜，
只要筆記關鍵字即可

愈是想逃避會議，滿腦子想著「盡量不要在會議上太引人注目，最好不要點到我發表意見」，一旦輪到自己發言時只會更加緊張。

如果沒有先做好心理準備，沒有先想好該說什麼內容，一被點到當然會驚慌失措手忙腳亂。

如果參與會議時都抱持這樣的態度，實在是浪費時間。自己都撥出時間來參與會議，當場卻只想逃避，白白浪費了寶貴的時間。如果是工作上的會議，這麼做不僅浪費了自己的時間，還可能給主管、同事，甚至是部屬留下不好的印象。

只要稍微下點工夫，應用「講稿筆記」就可以解決這個問題。雖然一開始可能比較花心思，但多做幾次就會習慣了。

愈是想要多強調重點，或是擔心自己這麼說會不會惹人不高興之類，想太多反而停滯不前，不需多想，直接寫下來就好了。

若從平常就有寫A4筆記的習慣，又已經蒐集了基本資料，應該可以很順暢地寫出講稿筆記。

不用把「講稿筆記」想得太複雜，只要把腦中浮現的關鍵字等記下來就可以了。

Point 12

先做「發表演練」習慣發表

不習慣發表意見就會緊張

雖說如此，筆者也很清楚，不習慣發表意見的人一要發言就會緊張。即使面對的是平常能夠順暢回答的問題，偏偏一緊張腦中就一片空白，手足無措。

事後一回想起來，又會懊惱不已：「只要我那時候不要緊張，就可以好好發表意見了。」

其實只要稍微累積一點經驗，要發言時就可以保持平常心。當然不是要你在複雜的會議上累積經驗，況且在這種會議上還有失敗的風險。

只要在更輕鬆的情況下累積經驗就可以了。

筆者的意思是，你可以在主管很少出席、比較不重要的會議上，接受大家多方的提問，練習回答。同事間應該很常舉行這種會議。

大家應該都有同樣的煩惱，因此把握主管不會出席的同僚會議，互相練習提問與應答就可以了。若其中有人可以扮演主管，模仿主管的口氣提問，會更有效果。

只要多在這種與正式會議相仿的情境上累積經驗，就能幫助我們做好正式發言的心理建設。只要這樣做，就可以有效防止腦中一片空白，手足無措的狀況了。

預演的方法

再更進一步，要參與重要會議之前，拜託同事陪你預演，會更有效果。也可以事前就先招募願意一起輪流練習的夥伴。不論是擔任提問或被問的角色，都可以大幅地提升自信心。

預演可以參照下列方式進行：

1. 與要參與這次預演（比方「活動企劃週會預演」）的夥伴一起分配角色。可以提出「組內的A下週要參與一個重要會議，因此需要舉辦預演」招募七至十個人，分配彼此的角色。

2. 針對A要發表的提案，扮演特定主管，或是其他部門主管的人要負責提出質詢（戴上名牌會更有臨場感）。要盡量從意想不到的觀點提出質疑。想像該名主管可能提出的問題，並盡可能地模仿他的口氣動作來提問。

3. 當然大家都只是扮演，並不是該主管本人，無法精準預料主管的提問也是理所當然的，但這麼做常常可以被一針見血地點出問題，因此是個很好的練習方式。對負責提問的人而言，嘗試以主管或其他部門主管的角度來思考、提問的過程，也是一種擴展視野與觀點的練習。

4. 練習結束之後，A要和負責扮演主管的夥伴們互相交換在這次預演中的新發現，交換感想。不用客氣地將自己的意見統統說出來，對彼此都有很大的幫助。

5. Ａ可以就練習的結果來修正提案資料，也可以修正「講稿筆記」。

6. 藉著每次舉辦的預演會，參與的成員們都可以累積就主管的立場提問，或是回答問題的經驗。如此一來不論是工作上的討論本身，或是之後的預演舉辦都能有相當的成效。

Point 13

配合會議進行的情況，多次改寫「講稿筆記」

配合會議的進行狀況，
改寫「講稿筆記」

就算開會之前先備妥了「講稿筆記」，隨著會議進行，狀況也可能有所改變。會議或許會大幅偏離原本預期的方向，又或是人方向如同預想，但進行速度或預算等部分，與預期的有所差距的情況，也很可能發生。

結論是會議上討論出來的，因此我們需要培養配合會議進行的狀況，彈性應對的能力。

因此，要配合會議進行的情況，設想若現在發言要講什麼內容，可能會被問到什麼問題，針對這些問題該如何回答等等，改寫「講稿筆記」。

MEMO 3　2015/6/30

要在活動企劃週會上發表的內容（修正）

—要能確實招攬到五百名以上的顧客。視情況要提高到一千人。

—可以和東京國際展示場的其他活動相輔相成。

—設立一個方便活用媒體宣傳，尤其是舉辦推特活動的主題。

例如以先前例子來看，隨著會議進行，筆記可以改寫成如上圖這樣。由於已經有原本的筆記，因此在會議中只要花十至二十秒就能修正。

之所以要改寫，是因為會議中討論到由於預算的關係，這個活動規模必須盡可能地拉大。而原本雖然想說「內容不能和其他活動重複」，但有人提到我們的活動與東京國際展示場的一些活動可能有共通點，因此就這點重新檢討，才改為「可以和東京國際展示場的其他活動相輔相成」。

MEMO 4 2015/6/30

要在活動企劃週會上發表的內容（再修正）

—要能確實招攬到五百名以上的顧客。視情況可提高到七百人。
—東京國際展示場正在舉行電玩展，可以與他們協調。
—宣傳活動以推特為主，要達到二十萬人次的曝光率。

至於宣傳媒體，從關於活動特性的討論中看來，推特宣傳應該是最有效果，也是最方便活動的媒介，因此針對此點做了修正。

一旦此時需要臨時發言，就可以照著筆記發表意見，就算沒有發言的機會，也可以依會議的發展靜靜修正自己的「講稿筆記」。若有需要整項重寫，只要將之前的版本劃線刪除就好。

比方像上圖這樣。

之所以要修正的原因在於，之前雖然寫了一千人，但數字太大，可能會有人質疑可行性，因此下修到七百人。

而同時期東京國際展示場舉辦的活動中，與本活動關聯性最高的是電玩展，所以明確地寫下來。

至於推特廣告，由於會參與我們活動的三位歌手各有十萬人的追蹤者，因此推測只要再加以宣傳，估計可以達到二十萬人左右的曝光率，所以修正了這點。

照這樣，配合會議的進行，不斷改寫「講稿筆記」，就能讓自己保持冷靜，不論什麼時候被提問，都可以做出合適的回覆。

「講稿筆記」會帶來發言的動力

只要稍微下一點工夫，就有極大的功效。照這樣寫下「講稿筆記」再依循狀況慢慢修正，漸漸會讓自己想要發表意見。

不僅不會擔心不曉得要講什麼，甚至還會主動舉手發言。

習慣了之後，就算沒有寫下「講稿筆記」一一修正，也可以直接發表意見。但一開始先這樣做好準備，預先仔細設想應對方式是相當重要的。

Point 14

看著「講稿筆記」確實地發表意見

被人提問，可以流暢發表意見的機會來到時，就看著事先寫好的「講稿筆記」，並以精神百倍的宏亮聲音說出自己的看法。

以剛才寫下的活動企劃週會再修正版為例，可以做出以下發言：

看著「講稿筆記」發言

我認為這個活動應該要確實招攬到五百名以上的顧客。視情況說不定可以招攬到七百人左右。現在推估應該可以達到這樣的目標，另外，若參觀人次低於這個數字，營收上也會不太好看。

同時期東京國際展示場也有召開電玩展，我們的活動與電玩展的客層有所重疊，應該可以考慮和電玩展的主辦單位善加合作，例如彼此拉抬聲勢，或是合作實施共同宣傳活動等等，好好利用這個機會。

他們過去也有過和其他活動像這樣互相合作的案例。應該就是因為這樣子的合作可以放大彼此的優勢，對雙方的來客人次都有所幫助的關係。

至於宣傳媒體，由於我們的主要參觀客層是二十多歲的民眾，因此在推特上宣傳會最有效果。由於推特從去年起開放置入性商業廣告，我們可以準備一些小禮物給轉推的民眾，藉此達到宣傳目的。

這次參與我們活動的歌手中有許多相當具有影響力，在推特上都至少有十萬人以上的追蹤者，可以委請他們協助，如此應該能達到合計二十萬人以上的轉推數，讓我們的活動藉由口耳相傳，來達到宣傳效果。

我們也能將歌迷們在推特上為歌手加油打氣的內容，刊登在活動官方網站上營造聲勢，並讓更多人看到我們的活動。

只要可以發表出這樣的內容就很充分了，搞不好還太過充分了呢。

平常總是做出辛辣批評的主管，一定也會點頭表示贊同的。

就算是擅長演說的人，也會看講稿

這些內容不是憑空生出來的，只要看著事前準備好的「講稿筆記」發表意見就可以了，完全用不著害羞。

你只需要拿著筆記，好好看清楚內容，冷靜地說出想法就可以了。

就連像美國的歐巴馬總統那樣十分擅長演說的人，也都會看字幕機提詞。字幕機會將字幕投影在一種不容易被拍到的透明板上，只能以特定的角度才能看到內容。又或是將演說的講稿放在手邊，照本宣科地念出來。

既然都準備了「講稿筆記」，完全沒有不看筆記發言的道理。就光明正大地拿起來，看著它發表意見吧。

若想要帥，兩手空空桌上也空空地開始發言，到時腦中一片空白，愣在當場不知如何是好也怪不得人了。一般而言，不允許看稿的狀況微乎其微，因此就請充滿自信地拿起講稿發表意見吧。

Point 15

不要將意見說得太過艱澀難懂

將意見說得太過艱澀的原因及結果

有些人可能會認為發言時若不引經據典，說點術語就顯得不夠專業，可能會被其他人小看。

會認為將話說得艱深難懂比較好，是一種「誤解」，也是一種「錯誤偏見」。誤以為這麼做會顯得自己很聰明，也不與他人討論，就一直保持著這樣的錯誤偏見。

把話講得太複雜，只會妨礙對方理解你的想法。一旦你說的話讓人難以理解，就算和現實有什麼出入對方很難提出反論，也就錯失了藉著討論深入探討的機會了。

充滿自信地發表艱澀的意見，確實可以堵住與會者們的嘴，但那只是當場難以提出反駁只好閉嘴，並不是真心接受了你的意見。

不僅如此，這麼做反而還會消磨他人想與你共事、追隨你行動的動力。

做出簡潔易懂發言的步驟

旁人絕對不會因為你的意見簡潔易懂就小看你。會被小看的只有思考膚淺，不曉得眾所皆知的現實情況，還有自以為是的人而已。

你該留意的並不是這一點。

愈是對自己沒有信心，帶有自卑感的人才會想太多而傾向做出複雜難懂的發言。但這種做法只會造成反效果，因此還請留意，要盡可能將自己的意見說得簡潔易懂。

就算明白「完全沒必要把自己的意見講得太過複雜」，但要確實做到這一點並不容易。因為對要將自己也不是非常明白的事項整理清楚，並說明給完全不懂的人聽，本身就是一件十分困難的事。

想要將意見發表得簡潔易懂，需要事先將意見寫下來，反覆閱讀地加以修正。

可以依下列步驟：

1. **嘗試將自己的說明內容以四至六行的篇幅寫下來。**
2. **暫時將自己的所知放一邊，站在聽講者的角度閱讀這段說明。**
3. **將這段內容說明給人聽，請對方不用客氣地告訴你是否容易理解。**
4. **針對他人指出的問題點進行修正。**
5. **再次說明給別的人聽，一樣請他不須客氣地指出問題。**
6. **再度針對對方指出的問題進行修正。**

想做出簡潔易懂的說明，得要多次反覆以上步驟，藉此琢磨聽眾容易理解的說法、措詞，以及說明順序。

簡單來說，就是要反覆徵詢聽講者的意見，了解他們到底對自己的說明有什麼看法。這是最為確實，聽者導向的做法。

有許多人或許會因此意外發現，就算是自己，聽到這樣的說明也很難理解其內容。站在聽者的角度確認自己的說明，其實是個簡單又有效的方法，希望大家都可以實行這個步驟。

Point 16

適當地停頓，慢慢把話說清楚，更能獲得信賴

稍稍放慢說明的速度
就能得到大大的效果

發表意見時，適當地停頓，將說話速度放得比平常更慢一些，可以獲得極大的迴響。

所謂適當地停頓，是指說話時不要一口氣毫不停頓地把話說完，而是要在句子與句子之間保留一點呼吸的空檔。

像支機關槍一樣劈里啪啦毫不停頓地說個不停，沒有把對方是否聽懂自己的意見放在心上；明明聽講者還沒弄清楚你所說的內容，也不給他思考的時間。

以及，在人緊張焦躁時，說話速度也會加快。當心中有所疑慮時，會不自覺地加快說話速度以掩飾不安。一旦說話速度加快，不但聽者不容易聽清楚內容，講者也可能因為思

考不清而讓內容流於淺薄。

諸此種種，當然會讓對方留下不好的印象。只因為說話速度比較快，就讓自己給人的印象變差，這真是虧大了，最好可以改善這個毛病。但究竟要如何改善呢？

在說明時，一段話說完，在開始說下一段之前刻意稍停一下。要稍停多久，就依自己平時講話的間隔再拉長三至四倍即可。

一段語畢，停頓一、二秒再開始下一段。照這樣練習，就可以學會要怎麼在段與段之間做適當停頓了。在心裡默數「一……二」。在停頓的時間，等待場上的氣氛沉靜下來，再開始下一段話。

此外，不單只是在段與段間保留適當停頓，講者放慢說話速度，也是相當重要的。慢慢說話，可以讓對方聽得更清楚，也能讓自己冷靜下來。原本說話速度就比較慢的人可以不用刻意放慢，但說話比較快的人請務必學會刻意放慢說話的速度。

可以嘗試下列方法來學著放慢說話速度：

1. 牢記「若對方沒聽懂，根本等於沒說」。

2. **在電腦與桌上都貼上「放慢講話速度」的便條。**
3. **說話同時想著自己究竟要傳達給對方什麼內容，對方是否可以完全理解。**
4. **不論什麼內容都要慢慢說清楚。**

這些簡單方法也是最有效的辦法。重點就是自己有沒有要慢慢把話說清楚的意識。

觀察擅長發表意見的人

另一個放慢說話速度的有效方法，就是模仿擅長發表意見的人。

可能也有些人就算不斷告訴自己要注意，但就是怎樣都無法在段落與段落之間保留空檔，說話速度還是會不自覺地加快。建議這樣的人可以採用下列方法：

不論是在會議、演講、或是電視上看到，從平常就多多觀察擅長發表意見的人，可以從他們身上看到許多值得學習的部分。

當筆者遇見擅長發表意見的人時，也會仔細觀察他說話時停頓的時機，說話時的速度以及語氣等等。

擅長發表意見的人，會在段落與段落間保留空檔，慢慢地把話說清楚。語氣鏗鏘有力，音量適中。咬字清晰，語句流暢，以讓人很容易聽清楚他們所要說的方式講話。

雖然這樣的程度不可能一蹴可幾，但只要多加模仿，就能慢慢學會這樣的說話方法。

Point 17

當心中有好幾個方案時，將優點與缺點都寫下來

寫下優點與缺點，
可以幫助自己釐清思路

當自己想發表的方案有兩個以上時，可以將各個方案的優點與缺點也寫在「講稿筆記」的方案說明旁。這個簡單的動作可以大大幫助自己釐清思路。

不論什麼樣的提案都不要只寫一項，也要思考替代方案，從中挑出最適合的答案。這雖然是理所當然的做法，但很多人常常會忽略了這一點。這個部分若沒有確實做好，不但會讓自己無法選出最佳方案，也很可能導致自己提出的方案難以獲得他人支持。他人很可能會說：「你的方案或許不錯，但只有這樣的說明我們也無法給你答覆。」

有些人會不敢把自己方案的優缺點都說出來，尤其是在缺點的部分，會擔心因為提到

個人或部門的不足之處，導致該部門或個人被追究缺失而有所顧慮。

此外，依優缺點的內容，也可能擔心自己提出的意見是否會被人認為是在批評管理高層過去的決策。

或許還有其他顧慮，但其實這些都是杞人憂天。自己的意見當然不是針對個人或部門的批評或中傷，只是在比較多項方案時的補充資料，要明白這是工作上的必要之惡。

筆記上的文章主旨要明確

要同時說明好幾個方案內容，並解說各自的優缺點，並非是件容易的事。

如果將優缺點都寫下來，看著所寫的內容心無罣礙地再加以補充，要說明就簡單許多了。因為寫在筆記上的文章所傳達的訊息，比口頭更為明確。

這項單純的作業，在工作進行上相當有助益。

只是稍微用點心，就可以產生極大的影響，並養成良好的習慣。

在一一說明提案時，有人贊成，當然也會有人反對。當提案牽涉的範圍愈廣，不同的意見也愈多。

這種時候雖然可以只是冷靜地表示「您說得沒錯，確實也可以這麼做」接納雜音，但很多人的反應常常更加單純且容易激動，因此必須多加小心。

簡單來說，就是我們的社會恐怕沒有將一切都攤在桌上，冷靜並確實議論的文化。

在會議上一旦對某人的發言提出冷靜且稍微嚴厲的見解時，對方很可能會不理性地反抗說：「你是說我錯了嗎？」、「搞什麼！你為什麼不贊成啊！」、「你講話很不近人情耶！」如此一來，也就難以針對方案進行討論了。

在這種場面下，還可能演變成職場霸凌的情況，筆者將在後面的章節詳細說明。

SUMMARY

- 將腦中浮現的關鍵字記到「講稿筆記」上。
- 「講稿筆記」要依會議進行狀況加以補充改寫。
- 在會議前先進行預演，可以獲得出乎意料的成效。
- 站在聽講者的立場，確認自己說明內容的方式是有確實效果。
- 觀察擅長發表意見的人，學習他的說話技巧。
- 將優缺點都寫下來，能讓自己要傳達的訊息更為明確。

不需太介意
是否有條理地完美表達

Chapter 4

Point 18

自然地說出意見，就能傳達想法

每個人都可以成為口條清晰的人

應該有很多人認為自己不擅長表達，認定自己不會講話，沒辦法把話說好。又因為如此認定，導致發表時更容易緊張。

其實完全沒那回事，只要別想著耍帥，用最平常、大家都想得到的措詞說出來，自然就可以順暢地發表意見了。

只要用一般口語，任何人都可以順暢地說出自己想說的話。絕大多數的情況下，這樣就已相當清楚表達自己的意見了。

可以自然地表達自己的想法，是人類天生的本能，與學歷或工作幾乎完全無關。我想在數千甚至數萬年前的人類，一定就能這樣自然地說出自己的想法，並樂於表達。

由於有過心理陰影
而誤以爲自己無法流暢地表達意見

有許多人是因為過去曾多次被主管或前輩提醒，心裡多少留下了些陰影，導致誤以為自己無法流暢地表達意見。又因為這種錯誤的認知，當要發表意見時就會緊張，結果又無法好好地把意見說清楚，導致這個陰影愈來愈加深。

絕大多數的人應該都是這樣的吧，筆者認為這實在是件十分可惜的事。雖說如此，但這不是技巧而是心理層面的問題，一定有辦法可以改善。

只要你把這本書從頭到尾讀完，確實做好發言的準備，多次練習，漸漸的，你在發表意見時也就能夠保持平常心。可以將內心想法不超過也不遺漏，完完整整說出來，並做出穩妥且確實的發言，不會因為說出真心話而導致人際關係惡化。

也不會再愣在發言臺上了。就算一時間被問住，也可以機伶地再次做出回應。

唯有說出真心話

很多人誤以為自己之所以不擅長發言，就是因為自己沒辦法好好說出心裡話，於是裝腔作勢來掩飾心虛，但這樣做其實常常只會造成反效果。

裝腔作勢要是可以成功掩飾是很好，但若說出了違心之論時因為緊張而結巴，別人又趁勢追著痛腳打時，腦中只會呈現一片空白，僵在當場了。

原想耍帥，但反而只讓自己顯得更難堪。

因此筆者認為，各位最好還是認清「打馬虎眼是沒有用的」，以及「違心之論不可能說得好」這兩點。

唯有自己真心相信的事與真正的想法，才能流暢表達與順利傳達給他人。

當然，「說出真正的想法」並不是指要任性或攻擊、歧視，或單方面地指責他人。不是那樣幼稚的內容，而是以成熟的態度認真思考關於自己的公司、工作、家人、朋友等，正面的指出問題並提出改善方案，聽者也會尊重你的意見。

只要平常有持續做合適的努力，再加上仔細的說明，絕大部分的想法都能有效傳達給對方的。

Point 19

每個人都能有條有理又清晰易懂地發言

每個人都有能力做出清晰易懂的發言

在發表意見時，應該有許多人會特別留意說話要「有條理」。但愈是想要「有條理」地發言，就愈容易緊張，講的話反而讓人更難以理解了。

其實只要單純說出自己想的內容就好，但很多人這麼做了，又擔心這樣的內容是否不夠「有條理」，於是又加以補充說明，如此一來卻反而更模糊了焦點。

負面結果就是，開始質疑自己是不是沒辦法好好發表意見，就算說了別人也不會理解等，給自己添加了極大的壓力。

每個人都有辦法做出清晰易懂的發言。只要將自己真正的感覺、真正的想法說出來，就可以毫無窒礙地傳達出去，有許多感動人心的演講就是這樣產生的。

筆者認為充斥市面上的「說話術」、「演講技巧」等書籍，造成了許多人誤以為自己無法發表清晰易懂的意見。

因為，完全不做準備，只在意話術與技巧地隨便說說，別人當然不會把你講的內容聽進去。要是講話一直跳針、過度使用情緒性的字眼、老是說些自我中心的意見，他人同樣不會把你的意見當一回事，甚至會提出反駁。

如果連自己也沒有想清楚想講的重點為何，或是想要包山包海反而沒有焦點，又或是想要講得好像自己是主流意見，一定只會導致自己發表的內容難以理解，且還偏離了主題。

徹底做到「將發言重點控制在三項」

若有真心想要發表的想法，就完全不要去想「是否有條理」，而是貫徹「將一段話的重點控制在三項」，如此反而更能清楚地表達意見。

這並不是什麼困難的事。只要在開頭時說「我今天想講的重點有三項」、「第一點是……」、「第二點是……」、「第三點是……」，最後說「我要講的就是以上三點，謝謝各位」簡潔地作結就可以了。

這樣做就能讓發言相當「有條理」了。只要想講的重點明確，又能簡潔地發表出來，就十分「有條理」了。超過這個數量，只會顯得你在「裝模作樣」了。

貫徹「將發言重點控制在三項」最大的好處就是：可以避免發言變成包山包海，重點明確的發言，清晰易懂，對聽者而言也更方便掌握要點，容易吸收。

什麼都想提到，只會模糊了焦點。焦點一模糊，就難以傳達自己意見的主旨，這樣一點意義也沒有。想要做出「有條理」，清晰易懂的發言，只要做到「將發言重點控制在三項」就可以了，還請各位謹記這點。

Point
20

說出三點理由，會更有說服力

補充理由便能產生決定性的影響

前文已經說過「將發言重點控制在三項」可以讓你的發言更讓人易懂。同理，當要建議某項方案時，說出三點理由可以更具有說服力，更容易讓對方覺得「這樣啊，原來如此。既然你都說到這個分上了，想必事實一定是這樣吧。」

就算覺得第一個提出的理由已經夠充分，也要努力提出第二、第三點理由，如此更能說服聽者。

因為會認為第一個提出的理由就已經非常充分的，只有自己，再補充第二、第三點理由能讓你的見解更具影響力。

若不這麼做，可能會有人猶豫：「你說得可能沒錯，但情況也許不是那樣」，或是容易引人吹毛求疵：「你講得很有說服力，但總覺得不夠全面。」為了避免這些狀況產生，最好能盡量提出三點理由來支持論點。

說出三點理由的例子

例如，要提出支持提案「下次的活動應該要能確實招攬五百名以上的參觀者」的論點時，可以這麼說：

理由有三點：

第一點是，上一次的參觀者只有三百人，導致最後結算呈現虧損。這次不能再重蹈覆轍。考量到這次企劃的支出增加，至少需要招攬四百名的參觀者。抓百分之二十的誤差，因此我認為我們應該要招攬五百名以上的參觀者。

第二點，上一次我們是單獨舉辦活動，但這次有可能與東京國際展示場其他的活動合作召開，應該有彼此拉抬聲勢創造人流的可能性。

第三點，由於我們的目標客群年齡層較上次為低，可以善用推特進行有效的宣傳，在招攬參觀者方面要比上一次容易得多。

只要這樣說明，就能讓聽者明白自己已經考慮過各個面向，贏得聽者的信賴。也就是傳達了所謂「幹練的人」的印象。反之，若只提出一項原因，別人就會絞盡腦汁想挑毛病，雞蛋裡挑骨頭。

就說明者的角度而言，最重要的理由「當然就只有這項」，所以會覺得要找出三點理由很麻煩。就是這種時候最容易產生不必要的錯誤，還會讓自己的態度顯得高傲自大，一定得要注意避免。

就算在家人之間，例如想要說明為什麼九月的家族旅行自己想去北海道而非沖繩時，如果可以這樣說：「因為到時候是颱風季，去北海道比較安全。況且北海道好吃的東西感覺也比較多，再加上我之前也沒去過，所以想要去一次看看。」家人也會覺得應該把你的意見納入考量。

如果只說「我沒去過北海道所以想去」，其他人可能會猶豫：「不過北海道吃的東西怎麼樣？我很期待吃沖繩料理跟燒酒之類的耶。況且北海道會不會很冷？」而開始搖擺不定。

但若你是「總之我就是想去。沒有理由就是想去」的話，就另當別論了。

先想到兩項理由就開始發言

雖然在事前準備時可以先想好三點理由，但隨著討論進展，也可能會有需要臨場想出理由的情況。

在這種情況中，甚至可能面臨：就算沒有充分的時間想到三點理由，最好也快點表示意見的狀況。不然別人不斷地提出他的看法，因而逐漸擠壓到自己發言的空間。

這種時候只要先想到兩點理由就可以開始發言了，一邊發言再一邊想第三點理由。

這麼做的難度相當高，但在許多精明的人參與的討論中，若不這麼做，就會白白錯失發表自己看法的機會了。

在國外，尤其是以英語為主的世界中，「提案時說出三點理由」幾乎可以說是最基本的條件。沒有說服力的意見會被漸漸忽視，但花費太多時間準備，又會白白錯失了發言的機會。

這種場合中，幾乎都是在會議進行中就必須瞬間回應自己是贊同或反對，之後再犀利地提出三點理由。

他們會採用這樣的說法：「我覺得這項方案比較好。原因有三，第一點是……、第二點是……，而第三點則是……」

因為他們必須立即反應，打斷別人滔滔不絕的發言，表明自己的立場。

在以英語為主的世界中，安安靜靜坐在位子上聆聽他人意見這種沉默態度，完全無法搶得先機。他們只會認為若你不發言就等於不存在，甚至會覺得這個人根本不該出席這場會議。

據說，Apple 的賈伯斯曾經指示過，會議上不發言的人，之後就不再讓他參與會議了。

Point 21

不要太執著於「要有條理」

不要去想「一定要有條理」

在發表意見時，最好完全不要去想「一定要有條理」。在筆者的經驗中，一直想著要有條理，而最後確實發表出有條理內容的經驗，一次也沒有。就算腦中一直想著這句話，實際上是一點幫助也沒有。就算只是想著要「有條理的思考」，也沒辦法幫助自己口條清晰易懂。只要自己的思路有條不紊，說的話自然也容易讓人理解了。

因此，最好是根本不要去想著「一定要有條理」。

只要注意採用好懂的比喻，容易理解的說法，就算不用什麼特別的技巧，每個人只要和平常一樣地說話，就可以充分表達意見了。根本不需要刻意想著「要想得有條理」、「要說得有條理」。

雖然經驗不夠多的個人顧問或是企業顧問公司的人，會不斷強調「要有條理」一詞，但筆者認為這一點在對話中是完全不必要的。

一直強調「要有條理」只會令人心生恐懼

筆者之所以會說不必「要有條理」，是因為若是太過執著於這個詞彙，會令人喪失自信，因而無法把話說清楚，最後反而沒辦法好好表達意見。

換句話說，筆者甚至認為「要有條理」這句話不但不需要，甚至對絕大部分的人只會造成反效果。想要「有條理地思考」反而抓不到前因後果，想要「有條理地發言」反而讓自己緊張得要命，執著於「是否有條理」反而偏離了主旨等等，只會產生一連串的負面效應。

就算不刻意去想是否有條理，只要能好好表達自己的意見就夠了。為此，將想說的話直接記錄在「講稿筆記」上，再冷靜地發表意見，還來得有效許多。

筆者自己也完全不會使用「要有條理」一詞。就算不強調這個詞彙，不論是工作或日常生活，都可以好好地表達自己的意見。因此筆者認為，不僅日常對話中不需要使用這個詞彙，就以上述的理由看來，這個詞彙也只會造成發言者不必要的壓力，沒有實際助益。

當然，在數理上的證明等需要有條理地進行。電腦程式等也是架構於理論函數之上。但那些與日常對話中的「有條理地發表」、「你可不可以說得更有條理一點」、「因為你說得一點條理也沒有害我都聽不懂」等等說法，是完全兩回事。

筆者感覺對話中的「有條理」已經變成「我聽不懂，你可不可以講得清楚一點」、「我完全搞不清楚你想說什麼」的時候，形同威嚇的詞彙了。而就算完全不使用這個詞彙，也可以充分傳達自己的意思，也不會因此而讓發表內容顯得混亂。

不曉得什麼人從什麼時候開始使用這個詞彙，但實際上已經偏離了原本的意義，甚至只會造成反效果。

Point 22

留心不斷把「要有條理」掛在嘴邊的人

不斷把「要有條理」掛在嘴邊的人

承前所述，筆者建議最好完全不要使用「要有條理」一詞，但我們常常會碰到把這句話掛在嘴邊的人。這種人會用一句「你說的話一點條理也沒有」，對他人的意見嗤之以鼻，或是一直要求對方「你不講得有條理一點我怎麼聽得懂」，甚或是「你能不能說明得更有條理一點？」施以莫名的壓力。

以前文的「活動企劃週會」為例，就會像這個樣子：

主任：「我說你啊，講的話我都聽不懂。能不能講的更有條理一點？」

員工：「好的。我認為這個活動最重要的就是參觀人數，因此我希望以招攬五百人以上的參觀者為目標。」

主任：「你說五百人是有什麼根據？講得很簡單，但真的要做可不容易喔。為什麼要五百人？講得有條理一點啊！你講話一點條理也沒有，我根本聽不懂。」

員工：「由於上一場的活動參觀人數僅三百人，有小幅度虧損。所以這次必須招攬五百名以上的參觀者，不然結案報告恐怕會很難看。」

主任：「所以我說了啊，我知道只來三百人會虧錢，但你怎麼有自信可以叫來五百人？要是叫不到五百人你要負責嗎？你講話一直都沒頭沒尾的，害我也一團混亂了啦！」

遇到有人這麼說我們也拿他沒辦法。他只是將「有條理」一詞當成武器一般揮舞，攻擊他人，所以就算想要提出抗議也無從講起。不管你怎麼解釋，遇到會這樣講話的主管，不管其他人認為你的說明多麼清晰透徹，也只會一直被他雞蛋裡挑骨頭而已。

這種人根本就搞錯了「條理」的意義，只是為了威嚇而使用這個詞彙，等於在說「因為我不喜歡你，所以以人廢言」。

說得更明白一點，就是這名主任只是在大聲宣傳自己沒辦法「有條理地思考」，所以無法理解部屬的說明罷了，而他甚至不會覺得不好意思，還愚昧到引以為傲。

那麼，這名主任應該怎麼講才正確呢？

主任：「剛才你說的內容我不太懂，可以再講解一次嗎？」

員工：「好的。我認為這個活動最重要的就是參觀人數，因此我希望可以以招攬五百人以上的參觀者為目標。」

主任：「這樣啊。五百人以上這個數字似乎只要努力還是有可能達成的。」

員工：「由於上一場的活動參觀人數僅三百人，有小幅度虧損。所以這次必須招攬五百名以上的參觀者，不然結案報告恐怕會很難看。」

主任：「嗯，我明白了。那你覺得該怎麼做比較好？」

員工：「我們的主要客群大部分都有使用推特，因此我覺得在推特上多舉辦幾次宣傳活動，就可以招攬到相當程度的參觀者了。」

主任：「我懂了，這樣很不錯呢。我沒怎麼在用推特，不過你很常使用吧？」

員工：「我常常在上推特，也有許多朋友很熟悉推特。」

主任：「這樣啊，真的很不錯呢。務必照你說的方式進行看看。你的提案很棒喔！」

員工：「好的，我會加油。如果還有什麼問題我再和主任報告商量。」

這種對應方式比之前那樣好上太多太多了。說真的，筆者光是想到今天也有上百人、上千人被主管以「要有條理」這種教條式的詞彙欺壓，就感到坐立難安。

主管以「要有條理」一詞來欺壓部屬

若是主管總是把「要有條理」一詞掛在嘴上，只會讓部屬不敢提出看法。部屬們根本不曉得該怎麼說才能算是「有條理的說明」，因為不論怎麼說都只會被見縫插針，可以預想到主管只會說：「你那樣講一點條理也沒有，我聽不懂。」

加上以前老是被雞蛋裡挑骨頭，讓部屬完全不曉得該怎麼辦才好。

筆者也很清楚，一旦兩人間的關係進入這種狀態，很難短時間突破，暫時只能先忍耐了。有的時候這種質疑追問的狀況還會持續兩小時、甚至三小時以上。

若是每次都以這種「你講得沒有條理害我聽不懂」的說法來欺壓部屬，可以說是最差勁的主管了。畢竟主管的工作就是要激勵部屬，讓部屬拿出幹勁，以得到傑出的工作成果。

老是把「要有條理」掛在嘴邊的人太過高傲

雖然演變成這種狀況真的很令人頭大，但也讓人忍不住同情起只會用這種方式說話的人。

因為這種人對自己的學歷過度自豪，認為自己聰明得非比尋常，只能靠這樣裝腔作勢來確認自己的存在價值。其實這種人對自己毫無自信，只能用這種方法來維持心理平衡。從他認為自己資質非凡、想要貶低別人的時間點開始，就已顯露他十分愚昧了。

真正有實力、工作能力強、度量大的人，根本不會使用「要有條理」這種詞彙。就算他們不使用這個詞，一樣可以做出清晰易懂的發言，還可以理解聽者的感受，不會說類似「有條理地說起來就該是這樣這樣」的話。因為他們根本不需要這麼說。

這樣的人也不會給予他人不必要的壓力，會讓人自然而然地想要為他工作，並交出一定成果。

就算不到之前描述的不良主管那種程度，我們依然可以見到許多不斷強調「要有條理」的人，像是以自己的頭腦或學歷為傲的同事、後輩等等。

他們會常常用「用有條理的方式說起來就是這樣……」的說法。只不過這裡說的「有條理」其實一點意義也沒有。若要發表的內容很好懂，那直接講內容就夠了；如果比較難懂，那用比較容易理解的方式說明就好了。

使用這種毫無意義的「語助詞」只是想要強調自己比較厲害，讓其他人覺得他頭腦很好而已。

既不是在猜謎，也不是在證明什麼數學公式，毫無意義地把這種拗口的字眼掛在嘴邊，只是想讓人覺得他們很聰明的這種人，才是該檢討的對象。

這種人只會靠貶低他人來維護自己的自尊心，還是和他們保持距離比較安全。

但無法與主管保持距離是最讓人頭痛的一點。面對這種人，只能在每次要發言時，都將自己的想法先寫在A4紙上，盡可能先理清自己的思路，努力將該說的話以簡單好理解的方式說明給他聽。

如果還是被說「你講得一點條理也沒有，我哪聽得懂」，把它當成耳邊風是最明智的選擇。

SUMMARY

- 你是否因為過去不好的記憶或對自己的誤解，而認為自己「沒辦法把話說清楚」？
- 比起「要有條理」，更重要的是徹底做到「將要說的內容整理為三點」。
- 就算想不到第三點，只要想到兩點就開始發表意見。
- 拘泥於「要有條理」一詞，完全沒有實質幫助。
- 要小心總是把「要有條理」當語助詞掛在嘴邊的人。

就算面對質疑，也能平心靜氣地予以回應

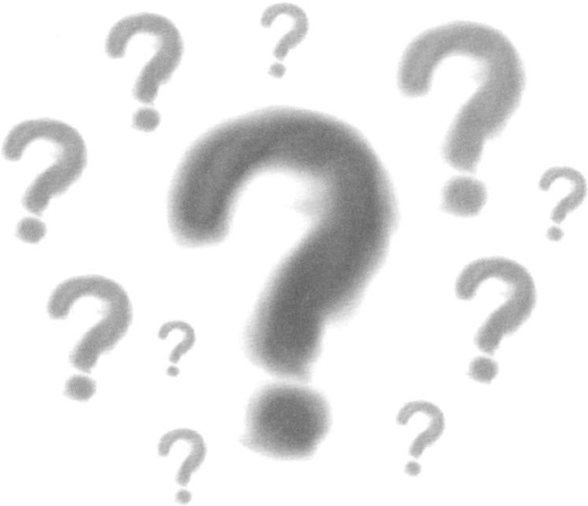

Chapter 5

Point 23

先做好等待他人提問的心理準備

先做好被提問的心理準備，
在心理上就占了上風

筆者身邊，意外地有許多人討厭在會議上發言。
但在職場上若抱持這種態度並不值得讚許。

筆者想建議這樣的人，反而應該隨時做好被提問的心理準備。

可能有些人會認為筆者「你在說什麼傻話！」，但既然都得發表意見，如果先做好會被提問的心理準備，不但有助於事前撰寫「講稿筆記」，實際面對問題時也能從容不迫：「就知道你會問這個」，在心理上占了上風，而為自己帶來信心。

只要再搭配上「事前演練」，就算原本畏懼發言的人，也會開始想嘗試發表意見了。畢竟這是工作的一部分，不可能永遠逃避。不如以積極的態度面對，不但能帶來正面的收穫，也可以加速自我成長，最重要的是這會讓你每天都可以愉快地度過。

當然，這樣的態度也會讓你給周遭的人留下良好的印象。

面對專挑毛病找麻煩的人

當然，有時也會遇到明明我們完全沒有惡意，但對方卻老是挑毛病，做出攻擊性發言的狀況。比方以剛才我們舉過的「活動企劃週會」為例：

會有五百人來嗎？野心太大了吧。上一場活動來了三百人就該偷笑了，這次還想要招攬將近兩倍的人數，會不會弄得場面很難看啊？

你說可以跟電玩展合作，但他們可是我們的競爭對手耶。這種提案還是放棄比較快啦！

就算能在推特上宣傳，我們也不曉得這可以給理想客群造成多大的來場動機？

有可能會遇到類似這種大聲宣稱「我的意見才正確，你的提議太過天真了」的人。這種人完全只是在扯後腿，相當棘手。但其實這樣的人很多只是習慣用這種方式說話罷了，只要你的知識夠豐富，人脈夠廣，有時也可以善用這樣的人。

只要先做好心理準備，當他一反駁，你只會覺得「我就知道你會這麼問」，不但不會生氣，還可以反過來利用他的話來加強自己的論點。

由於這種人基本上相當單純，只要附和說：「你的見解真是精闢，那麼可以麻煩你幫忙處理這方面的問題嗎？如果可以，另外這方面也麻煩你了。」一邊吹捧對方，就能一邊讓他照自己希望的方式去做。

會這樣做的人很多都是覺得：「只要讓大家知道我很聰明就贏了」、「只要說到對方無法反駁就是我贏了」，是相當幼稚的人，但說不定他們可以在蒐集資訊、準備資料方面發揮他們的長處也未可知。

Point 24

聽不懂對方的問題時，可以冷靜地反問

反問以釐清問題，較能帶來正面的結果

有時候會抓不到對方說話的脈絡或問題核心，這種時候，最重要的是要冷靜地反問對方。

雖然要反問時你可能會擔心對方嫌棄你怎麼沒聽懂他的問題，但其實你大可不用擔心這點。

要是你沒有聽懂他的問題就發表意見，或是想要直接進入下個議題，會比坦承自己聽不懂問題還要丟臉得多。因此，還是冷靜地反問，更能確實得到正面的結果。

可以用下列這些說法來反問：

「以防萬一我確認一下，您的意思是……嗎？」
「不好意思我聽不太懂，可以確認一下您是指……嗎？」
「很抱歉我不太清楚您問題的意思，可以請您再說一次嗎？」
「抱歉，您主要想問的是針對〇〇〇這點嗎？」

以有禮貌、不慌不忙、冷靜的語氣回問就可以了。

最重要的是，要以理所當然，毫不忸怩的態度回問。或許一開始各位會覺得這麼做難度太高，但其實這並沒有那麼困難。只要你願意跨過不想回問的心理障礙，肯開口就一定可以做到。

若你的主管只因為這種小問題就會不高興或發怒，確實會讓人很有壓力而不敢回問。但在工作上，還是必須先問清楚，確認之後再採取行動。

其實只要以冷靜的態度回問，基本上不會造成什麼問題。若你顯出慌張不安，手足無措的神情，才會讓對方發現你的弱點。一旦被抓住弱點，說不定對方還會提出更令人難以作答的質問。

面對沒有聽懂的問題，不慌不忙，不要顯露出驚慌失措的樣子，冷靜地回問，才是最好的應對方式。

Point 25

迅速在「講稿筆記」上列出一至三項重點後才開始說明

不要馬上開始說明，
先寫好「講稿筆記」

面對突然得發言的情境時，不要馬上開口，先在「講稿筆記」上寫下一至三項重點之後再開始發言，效果會更好。太過緊張而什麼都不寫，直接開始發表意見，反而難度更高。

寫「講稿筆記」用不了多少時間。這段時間就請大家等一下。只要習慣了，就知道該怎麼把握時間從容地寫好筆記。這樣做，不但可以讓人覺得你充滿餘裕，也可以讓大家靜下來聽你的意見。

只要平常有練習每天寫十頁A4筆記，這種時候就可以瞬間將心中的想法寫成「講稿筆記」了。

這一至三項重點該寫的內容是，自己認為最該提出的重點，以及腦中瞬間浮現的想法。這時候不需要去思考該從哪裡開始說起。

腦中第一個浮現的想法，基本上都是最為重要的。所以，首先要將這點記下來。之後再接著寫下其他想到的項目就可以了。

只要平常有做準備，相信你一定擁有應對這種狀況的能力，只要說出腦中第一個浮現的想法，就一定可以做出精確且合適的發言。

只要能夠保持平靜，就可以毫不猶豫地說出心中的想法。若無法保持平靜，面對問題就會手忙腳亂，一旦慌了手腳又只會造成反效果，應答的品質也會跟著下滑。

所以這種時候就該果斷地轉換心境，這樣做也有助於保持心理的平衡。

所謂轉換心境，就是告訴自己「我已經盡己所能，之後會如何發展我也管不著」。愈是拘泥於當場，急著想要補救，愈會造成反效果。筆者也知道這麼做並不容易，但還是希望大家學會轉換心境再發表意見。公司不會因為這樣就開除你的。

能否順利地轉換心境，只是習慣的問題。只要在事前有做好合適準備的前提之下，希望各位務必親身感受一下不慌不忙，果斷轉換心境的效果。

Point
26

果斷地轉換心境

要後悔或反省都之後再說，
先做好面對下個問題的準備

相信有許多人就算已經有過多次經驗，但每次面對問題時還是會緊張。也常常在自己平復緊張的情緒之前，就要面對下一個問題。

簡單來說，就是在自己還沒有重振心緒的情況下，對方又提出了尖銳苛刻的問題。尤其是剛處理完之前的問題，還心情未定的狀況下，又要面對下個問題，實在令人如坐針氈。

這種情況下，就算前一個問題沒有處理得十分周全，最好也將它拋之腦後，以全新的

心情面對下一個問題。

就算一直想著「要是剛剛這樣講就好了」，在同一個會議上又被提問時，只會愈來愈不知所措，給自己造成二次傷害。

就算在這種狀況下，最好也果斷地轉換心境。

雖說如此，想必有許多人會反駁說「要是像你說得這麼簡單，我就不用煩惱了」，但其實之所以會「緊張」「腦中呈現一片空白」，真的都只是心境的問題。

唯有這種時候改變方針，才有機會重振旗鼓，要後悔或要反省等會議結束之後，多得是時間可以處理。

會議上有許多問題，其實都是沒什麼意義的提問：為提問而提出的問題、想要彰顯自己聰明才智的問題，或是主管為了展現自己的威嚴而提出的問題等等，這樣的提問占了絕大多數。

可以從不同的觀點指出自己提案的漏洞，或是提出更好做法的質疑等等，具有建設性、可以引導議題的提問，究竟占了多少比例呢？

只要想到這裡，就可以將會議上被人質疑當成一種必經的儀式，就算有問題沒有回答得十全十美，也要轉換心境來面對下一個問題會更有助益。

SUMMARY

- 做好面對問題的心理準備，可以讓自己從容不迫地應對他人。
- 有聽不懂的問題，冷靜地反問更能確實帶來好的結果。
- 就算突然被要求發表意見，也要先記下「講稿筆記」。
- 在提問對自己造成二次傷害之前，先轉換心境。

面對提問要盡快回答

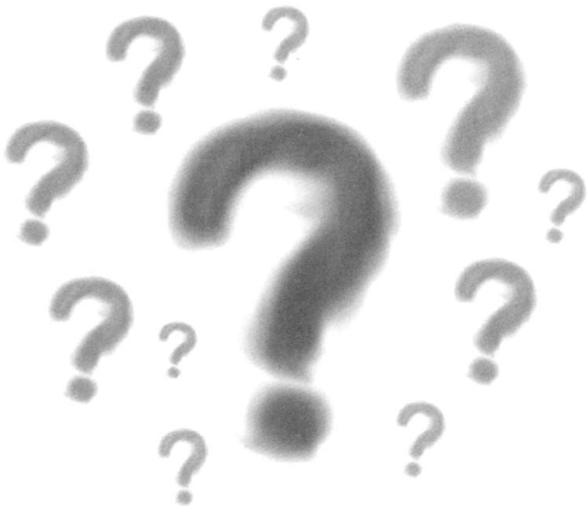

Chapter 6

Point 27

面對提問立刻回答不但有實質幫助，也是任何人都能做到的事

立刻回答可以讓對方放心

當面對提問時，盡可能毫不猶豫地馬上回答，俐落的瞬間應對能力可以讓你在對方心中大幅加分。

可能有些人會說「我也知道該這麼做，但我就是辦不到嘛」，但只要你將想說的內容寫在「講稿筆記」上，這就不是什麼難事了。只要你有隨著會議進行不斷修正「講稿筆記」，面對問題就不用緊張了。

在兩段發言之間，最好如之前所述留下一點喘息的空間，不過這與面對問題時，第一句回答要立刻回應，並不衝突。

當然，在被提問之前可能狀況有所變化，想修正發言內容需要一點時間，但這只要有準備好「講稿筆記」，做足「發表演練」，就可以迅速做出回應了。

之所以會說最好立刻回答，是因為這樣一來可以讓提問者放心。讓對方覺得你很清楚他所在意的問題。

雖然這不是什麼大動作，但藉著回答的速度，可以讓對方感受到你的幹勁與魄力，而給場上的氣氛帶來正面的影響。

各位看到善於表達的人面對問題能夠應對自如的樣子時，不也會覺得他很可靠嗎？反過來說，看到不知該如何回答，停頓了好一陣子，毫無自信，只想逃避問題的反應時，也會覺得對方十分靠不住吧。

有許多人認為要立刻回答很困難，但只要準備好「講稿筆記」；盡可能事前進行預演；並隨著會議進行一步步修正「講稿筆記」，要能立刻回答並不若各位所想的那麼困難，還請大家務必嘗試看看。

說到面對問題要如何立刻回應，只要馬上回答：「是的，正如您所說。其實關於這個問題我也考慮過，因此……」或是「您說得沒錯。這部分確實會令人擔心，但以我個人而言……」就可以了。

而「立刻回答」要多快回應呢？答案是在對方問完問題的瞬間就要回答。

在對方說完「關於……這點該怎麼處理？」的瞬間，就要以肯定的語氣說出「是的，正如您所說」、「您說得沒錯」、「我也贊成您的意見」。

雖然這也關係到每個人平常說話的習慣，但筆者總是在聽完問題的同時就瞬間回答了。

能否馬上回答，純粹只是習慣問題

可能會有人擔心有些狀況不適合立刻給予回答。但事實上，不會有那種狀況。只要事前做好準備，不管要馬上回應，或者慢慢回答，都不是問題。

這只是面對提問時，是否有馬上回答的習慣之差罷了。

常常有人不管面對什麼問題，總是要花一點時間，停個幾秒才做出回應。當然，這些人應該是刻意這麼做的。但就筆者看來，若總是用這種方式面對提問，是無法贏得對方信賴的。

這種方式或多或少會讓提問者擔心「這個人好像不太可靠」。

只要下定決心：一旦被問到的是自己有準備好的內容就要馬上回應，很快就能習慣這種回答方式了。如此一來，會議的進行不但不會拖泥帶水，也能讓討論的氣氛更加積極正向。若你不管怎麼嘗試都無法做到，隨時可以 E-mail 與筆者討論（akaba@b-t-partners.com）。筆者應該可以給你一些建議。

面對問題馬上回答十分有助於掌控會議的氣氛，希望各位務必實際體驗看看。這種做法比各位預想的還要簡單，效果又顯著。因此，請各位一定要先在比較不重要的會議，或是「發表演練」時嘗試練習，藉以體驗它的效果。

面對問題要立刻回答的另一個重要原因

面對問題馬上回答還有另一個好處，由於這麼做可以讓提問者信賴自己，因此能夠讓會議整體從「質問模式」轉換為「確認模式」，進而進入「承認模式」。除了一開始被問到的層面之外的問題，大家就不會追問得太過嚴厲了。

簡單來說，就是這麼做可以贏得大家的信賴。

而要馬上回答問題，還有另一個重要的原因，就是：

即使只針對自己有事前準備的部分瞬間回答，就能夠讓主管或者同事感受到你的自信，認為你是個「能幹的人」。

當然，平常的實力也很重要。除此之外，會議上的颯爽英姿，可以讓你在他們心中確實地留下好的印象。而這樣一來，就會開始啟動各種正面循環——為主管所信賴，被同事、後輩仰慕，交辦給你的好差事也會變多，還能激勵小組成員的幹勁，提升工作成果，如此又讓周遭的人更加信賴你。

而這樣一來，一定也可以為你帶來自信心。

Point 28

一開始先講結論，就能改變別人對你的印象

盡量開頭先講結論

面對提問，不僅要立刻回答，最好能夠盡可能一開頭就先講結論。這麼做的優點是，可以防止提問者失去耐心。

當有人發問，而發問者若是主管或其他部門的主管時，他們不會單純問問題，而是傾向於以接近質詢的口氣問：「為什麼你會這麼認為？」、「為什麼沒有做到？」雖然這並不是好的做法，但他們總是會不自覺地那麼問。

面對這些問題，只要你先講結論，不論誰聽到都可以先放下心來。若在不清楚結論的情況下，聽你長篇論述，會讓提問者失去耐心，態度也會愈來愈苛刻。

「一開始先講結論」的回答方式，可以參考下列說法：

問題：「你為什麼會覺得這次的活動要招攬五百名以上的參觀者？」

一開始先講結論的好例子：「這麼做可以讓活動賺錢並提升公司的知名度。要說讓活動賺錢是因為上一場活動虧損嚴重，考慮到這件事在公司內的影響，這次一定得讓活動有漂亮的收益。而在提升公司的知名度上，這麼做可以提升我們在往來客戶間的評價，因此希望務必藉此活動達到這個目標。這次的活動很適合推特宣傳，可以預期有相當的成效，還請一定要讓我執行這項提案。」

相對的，一開始不先講結論的反例，會採用這樣的說法：

不好的回答範例：「這次的活動正好也是歌手們出道五週年，所以我覺得應該盡量招攬參觀者。雖然他們一開始的兩年走得相當艱辛，但之後歌迷也漸漸地增加了。我覺得只要有心讓這些歌迷們前來參觀，應該可以招來不少人。而且這次活動場地在東京國際展示場，所以應該會來滿多人的。希望至少能來五百人。應該沒問題吧。或許會有更多人來吧。我覺得活動不能虧錢，所以還是有多一點人來參加比較好。」

這樣子不但讓人抓不到重點，也會讓聽者不耐煩。

一開始先講結論，純粹是一種習慣

筆者認為一定有人比較習慣一開始先講結論，也一定有人很不習慣這麼做。懂得一開始先講結論，是會考量聽者感受的人。因為這樣的人很清楚不馬上講結論的話，會讓提問的人心中忐忑不安，一直等待著答案。

這樣的人總是會留意對方究竟想聽到什麼，自己面對這種情況又該說什麼內容，並整理好自己的論點，盡可能以容易理解的方式傳達給對方。

當然，我們不可能百分之百知道對方究竟想知道什麼，也不可能隨時備妥能讓對方滿意的回答。正因如此，面對提問時更該盡可能先講結論，盡快做出回應，這樣才能更快找到對方需要的答案。

這已經與反應的快慢無關，可以說是習慣性動作。只要做到「面對問題先回答」這點

就可以。只要有心，每個人都能做得到。

這其實是件簡單的事，因此希望大家面對問題時，都能夠試著刻意「先講結論，盡可能立刻回答」，如此一定可以得到預期以上的收穫。

可能很多人面對突如其來的問題時，腦中會呈現一片空白，但這點只要準備好「講稿筆記」，進行「發表演練」就可以克服這種情況。

累積多次這樣子成功的經驗，就可以增加自信心。因此，只要被問到有事前備妥資料的問題時先講結論，回應提問也不是什麼困難的事了。就算問題超出事前準備資料的範圍，也能夠善用現有的資料靈活回應。

先講結論對有自己見解的人而言，不是件難事

對平常對事物就有清楚看法，能明確說出「我想這樣做」、「我不想那麼做」的人而言，回答問題時先講結論，不會是件太困難的事。

因為這樣的人本來就擁有自己的見解，對這種人來說，要戰勝自己多慮的最好辦法，

唯有「先講結論，立刻作答」。只要努力累積過幾次發言的經驗，就可以習慣這種做法了，若再加上有做「發表演練」，就能更快習慣。

許多人對事物沒有自己的看法

筆者總感覺有許多人在工作上沒有自己的看法。剛出社會時，對許多事情都抱有疑問，會提出質疑的人應該不少吧。當時就算太年輕，各方面都不夠成熟，但還會自己思考，自發性地行動。

雖然如此，這樣的行為不一定能被人接受，就算努力發表了自己的看法，不但沒有人誇獎，反而還淪為笑柄，最後導致他封閉了自己的想法，不再主動表示意見。筆者認為，應該有許多人有過類似的經驗。

不論結果如何，只要有人做出了努力，就該予以慰勞，但在目前的職場上，幾乎沒有類似這種給予員工正面回饋的習慣。因此，在這樣子的環境中，員工要表達自己的意見時總是會提心吊膽。

在這種環境下，有許多人漸漸學會不再對工作抱有自己的看法。若不嘗試一步步改善這點，不論是個人或是組織，都將無法自我提升。

目前的企業常常為外資併購，就算不是併購，也有許多公司是由外國人就任管理階層。

在這種情況下，壓抑自己的想法，不敢說出意見的人，很容易被外籍主管小看，因為他們既不了解，也不會理解本地員工的想法。

筆者認為這些員工，應該就此抓住這個機會學會表達自己的意見才行。

Point
29

只要事前預做準備，面對臨場提問也能切中要點地回答

有預做準備，就可以不需多想地回答問題

只要事前已經做了某種程度的準備，面對提問時只要直接回答就可以了。若之前沒有順利發表意見的經驗，就算只是說出自己的想法也會膽怯。但只要豁出去地說出自己的意見，多累積幾次經驗，就會曉得這並不是什麼大不了的事。

有寫下「講稿筆記」，並進行過「發表演練」，請一定要試著實際站出來發表自己的見解。只要有做好準備，之後就只剩實際執行了。游泳也是，不跳進泳池中是無法學會的。

若覺得突然要在主管面前進行正式發表，壓力很大，也可以如之前所述拜託同事等人幫忙，在主管沒有與會的正式會議上練習，習慣發表意見。

例如，要參與以二十多歲的人為主要客群的活動企劃會議時，比起四十至五十歲的主管，同事或同期好友的意見更能貼近顧客的想法。可以在午休或加班時間，集合五、六個人交換意見，並在集會上提出自己的看法，就能在沒有什麼壓力的情況下進行有建設性的討論了。

盡量提出自己的見解，並就每項論點都提出三點支持的理由，並在各種說明的方法上多加琢磨，以幫助對方迅速理解自己的想法，只要能這麼做，不但是很好的練習，也可以獲得十分有意義的回饋。

某些公司設有名為「青年幹部討論會」（young executive board）的組織，讓年輕成員們可以就公司的未來做各項討論。雖然年輕人沒有像真正的幹部那般擁有許多資訊與經驗，但藉由這個討論會，他們可以學習用更高層次的觀點來思考問題，也是培養成員膽識的好機會。

只要透過這些活動，應該就能做好某種程度的準備了。

就算如此，或許還是有人在發言時會很在意旁人的看法，擔心：「我可以說這種事嗎？」或是「我做出這種發言會不會被嘲笑啊？」

若真的很在意自己發表的內容，只要在準備「講稿筆記」或是「發表演練」時，多加用心就可以了，在準備筆記或預演的時候有加以檢討改進，正式發言時就不用多操心了。會覺得有問題，都只是自己太過杞人憂天罷了。

太過在意旁人的看法，只會造成惡性循環

雖說如此，在會議上有些人在回答問題時，還是會很在意旁人的眼光，但這麼做只會讓自己更緊張，反而造成惡性循環。而自己的緊張也會感染給聽者，讓對方懷疑自己的回答是否可靠，進而導致對方提出更多詢問與質疑。

因此，只要事前有預做準備，就該告訴自己：「只要我好好說清楚對方就能明白」，循著自己的理論發表意見就可以了。

要強迫自己冷靜下來很困難，但只要無視他人眼光，循著自己的理論發表意見就簡單許多了。這樣也可以說是「重振旗鼓」了。

就算在意旁人的眼光，也無助於自己的說明。而且就算發言時不去觀察別人的臉色，

只顧著把自己的話說好，也不會因此讓自己丟了飯碗，所以冷靜下來把話講清楚吧。

或許有的老闆會因員工發表的意見與自己相左就不高興，而把員工降職，或是大罵：「我要開除你，現在給我滾出去！」若是在這樣的公司就職，除了留意自己言行外，可能還需要做好隨時跳槽的準備。

SUMMARY

- 面對問題立刻回答，可以讓對方放心，並為別人對自己的印象加分。
- 或許會覺得立刻回答很困難，但這只是習慣問題，任何人都做得到。
- 養成回答時先講結論的習慣，可以避免對方失去耐性。
- 只要對事物都有自己的看法，就能輕易做到「立刻回答」與「先回答結論」。
- 太過在意旁人的眼光，只會造成惡性循環。重要的是要能無畏他人眼光，循著自己的理論發表意見。

仔細聽清楚對方的意思

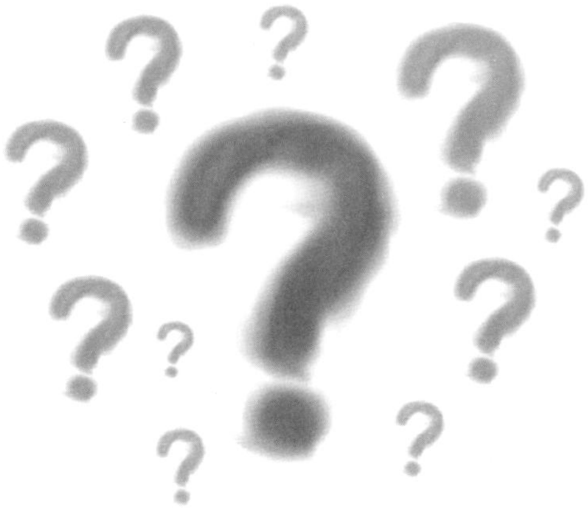

Chapter 7

Point 30

抓住對方問題的重點

掌握對方提問的內容

想要對提問做出合適答覆的重點，在於：正確掌握清楚對方所問的內容，以及想要透過這些問題傳遞何種訊息。這雖是相當基本的條件，但執行起來並不簡單。

想要掌握對方提問的內容，必須注意下列要點：

第一，最重要的是將問題完整聽完。

雖然筆者在前文建議大家要「盡可能立刻回答」、「先從結論說起」，但若不讓對方把問題完整說完，只是搶快回答，很可能會因為沒有釐清對方的問題點，而無法做出適當的應對。

在這種情況下，就提問的人角度看來，只會覺得：「你根本不想理解我要問什麼嘛」、「不要只從對自己有利的角度去想，只回答對自己有利的答案！」、「竟然沒人指出你這種傾聽方式有問題。」

為了不讓別人有這種感覺，就算是有點無趣的問題，也務必仔細且完整聽完。尤其是面對主管時絕對不能說：「你想問的內容我已經知道了，同樣的問題都已經重複兩三遍了，能不能講得簡潔一點啊？」只能乖乖忍耐地聽完。

就算提問者本身沒有缺失，還是有很多人會不把對方的發言聽完，筆者不認為這樣的人有什麼特別的原因，純粹只是沒有好好聽完別人意見的習慣罷了。明明沒有趕著回答的必要，這麼做又只會讓對方留下不好的印象，還沒辦法徹底理解對方的提問，實在是個百害而無一利的習慣。

第二，就算完整聽完問題，也要確定自己是否有正確理解提問內容。簡單的問題可以

忽略，但面對稍微有些難度、內容模稜兩可的問題時，在對方發言完之後，最好再確認一次「您要問的是……吧？」

這麼做不僅比較保險，某種意義上還可以幫自己爭取一些時間。確認問題這件事本身沒什麼不妥，甚至可以讓人留下你做事仔細的好印象。

第三，完整聽完對方提問，確認對方要問的內容，掌握對方想傳達的要旨之後，再就這些要點迅速修正「講稿筆記」的內容。

對話可能會影響到提問的內容，使之產生變化，這些變化也很可能會影響到「講稿筆記」的內容，因此要時時準備修正。

理解對方想透過提問傳達什麼訊息

我們所面對的提問者不可能百分之百都是思路有條不紊的人，就算是主管也不例外。提問的內容很可能模稜兩可，反覆不定，或是難以抓到重點。

面對難以理解的問題是家常便飯，所以完整聽完提問，確認問題的內容是非常重要的。

在職場中，有很多情況下，主管或是其他部門主管會以提問的方式來傳達自己的命令或意志，這不是我們可以控制的情況，所以認真去理解對方的意思。雖然很多時候我們能理解對方的想法，卻無法實際執行，但若完全不先理解對方的意思，就更沒辦法加以應對了。

許多擔任管理階層的人或多或少會對自己的工作，以及自己的領導能力有些質疑，總會擔心要怎麼樣才能讓比自己年輕十至二十歲的部屬，或是比自己年長五至十歲的部屬信服自己的指示，並進而採取行動。

還請盡量去理解處於這種狀況的主管們，究竟想透過提問傳遞什麼樣的訊息。

仔細傾聽這些提問，就可以明白主管究竟在思考什麼，究竟想要怎麼做。還可以知道為什麼主管不直接提出自己的意見，甚至可以理解主管最為在意的是哪方面的問題了。

Point 31

揣摩對方話語背後的思考模式

揣摩對方的思考模式

就算可以掌握對方提問的要點，也可能還是不曉得對方是出於什麼樣的前提、什麼樣的想法，才提出這些問題。這是屬於主管或其他部門主管的真心話，也是深層心理的範疇。

在會議中提出的問題，往往是會引起眾人目光的問題，若不好好深思，很可能抓錯重點。

例如，依循著董事長的經營方針、但主管其實想要中止的案件中，因為主管無法明確表達出反對的意思，只能設法減緩進行的速度。

舉例來說：

員工：「這次希望我們公司可以透過投資新創企業，取得新發展的O2O市調技術，更有效率地將顧客導向我們的分店。」

主管：「這真是太好了，完全符合董事長的方針。董事長一定會很高興。」

員工：「沒錯。所以我想盡可能繼續推行這項專案。」

主管：「董事長還有提到要確定技術的安定性，這方面的狀況如何？」

員工：「因為這間企業才創立兩年，以公司而言還在剛起步的階段，但他們的技術面十分扎實，我想是不用擔心的。」

主管：「這樣啊，技術方面不用擔心，那就好。那在人臉辨識方面呢？」

員工：「人臉辨識的精確度現在大約是百分之八十五。」

主管：「什麼？只有百分之八十五啊？太可惜，真是太可惜了！我想董事長一定也覺得很遺憾吧。但只要靠他們的技術能力，一定可以補強這個問題吧。」

像這樣，主管從頭到尾都只表現出積極的態度，看起來像是贊成這項方案，但實際上只是列舉了各項問題，一次也沒有明確表示出可以繼續進行、願意承擔風險的意思，反而以巧妙的說法強調尚未克服的問題。

這種時候，若沒有掌握到主管所釋出的訊息，很可能在將方案修正到合上意之前，主管都不會實際放行的。

以理解對方釋出的訊息分成三個層面分析

太過拚命要回答問題，就沒辦法想像對方的心情，只會一直拘泥於對方的字面意思。在回答之前，一定要先想到對方的問題背後實際上是抱持著何種想法？真正的意圖為何？提出這個問題的前提是什麼？這些疑點可以分為下列三個層面進行分析，進而理解對方的真意：

1. 就問題本身，字面上所問為何？
2. 透過提問所傳遞的內容為何？
3. 在這些前提條件下，發問者真正的意圖為何？

除了就事論事的提問之外，很可能還會遇到為了要人稱讚自己或所屬部門而提出的問題；為了讓高級幹部留下好印象而提出的問題；為了指責其他部門缺失而提出的問題；或是為了妨礙競爭對手而提出的問題等等，出於與提案本身毫無關聯的提問。

在回答問題之前，要先徹底釐清對方的意圖之後，再決定自己當下究竟該如何回答。

若只專注於眼前的問題就很難理解這些部分，但很多時候只要思考自己與對方在會議中所處的立場，旁人會怎麼看待這樣的情況，盡可能以第三者的角度來思考，就可以從較為不同的觀點切入，掌握全局。

Point 32

感到有疑慮時，不要猶豫立刻進行確認

感到提問與發言內容有出入時，不要猶豫馬上進行確認

當有人提問，發現其所提出的問題或敘述的內容，與自己的認知有所差異時，不要猶豫，請立刻確認。若是考慮太多對方的立場而不好意思確認，或問得太過委婉，反而無法統一認知，只會讓情況更加惡化。

考慮太多反而綁手綁腳。

例如有人不清楚狀況，沒有理解會議的目的或是提案、報告內容的情況下，以完全錯誤的方向提出指責或質問。急性子又有點粗心，或是固執己見的人很容易發生這種情形。由於其他的與會者也會察覺他沒弄清楚狀況，所以只要仔細地說明，解除誤會就可以了。

在問題愈發嚴重之前，只要稍微感到有些認知上的差異時，即使對方還在敘述問題，最好當下就能解除誤解。

雖然先前才剛說過要把問題完整聽完，但若對方是出於錯誤認知而指責你，拖延下去對所有人都沒有好處。若筆者遇到對方有所誤解的情況時，就會反過來詢問他，努力解除誤會。在這種時候若太過客氣，而放任對方激動地發表了十分鐘以上的錯誤見解，不但會讓對方留下不好的記憶，也會破壞會議的氣氛，因此適時制止他才是真正為對方著想的做法。

先不論是否要顧及對方的面子，大家沒有必要花時間聆聽出於誤解的主張，因此在這種情況下，要毫不猶豫地馬上終止他的發言。這種時候沒有客氣的必要，若對方太過激動聽不進去時，可以用較大的音量制止他，以達到控制場面的目的。

當然，若表現得讓旁人以為是在爭吵就本末倒置了，因此只要冷靜且大聲地終止他的發言即可。

當場面開始混亂時

若有兩名以上的與會者都有誤會時，可能不單純只是誤會，很可能是一開始召開會議的前提設定，或是自己的報告方式不好才會招致混亂。

這種情況下，只要清楚說明釐清情況就可以了，但若問題不是出於自己，那麼最好先暫停討論。

暫停討論就是先結束會議，再做準備，幾天後重新召開會議。

主要是因為，即使眾人當場回歸討論議題上，但使用的資料依舊是先前準備的舊資料，若繼續討論下去，出現狀況的風險實在太大。

不論是什麼情況，當發現認知有出入，或是討論資料有錯誤時，最好的辦法就是不要猶豫，馬上進行確認。這種時候完全不需要客氣。我們需要的不是發現有錯也姑息的文化，應該要進化成發現不對之處馬上進行確認的文化。

若會議中有外國人參與，他們往往無法理解這種混亂，也無法忍受、姑息放過，因此常常會讓會議氣氛顯得劍拔弩張。

在國內現今的企業中，很可能母公司或子公司，也許是主管或部屬是外國人的狀況大幅增加。而與企業往來的客戶是外國人，也已經是相當普遍的情況了。

「國內文化中的有禮貌＝過度客氣＝粉飾太平主義」，這樣的態度常常是形成摩擦的主因，所以希望各位可以培養應對這種情況的能力。

Point 33

若對方開始發怒，總之先聽完他的意見

先聽完對方的意見

有些人的脾氣相當暴躁，常常話說到一半一言不和就突然發起脾氣來。遇上這種狀況真的是令人不知所措，也會影響到另一方的心情。在會議上人們會顧慮到其他人的眼光，發生這種事的情況比較少，但在一對一或只有少數人的情況下，有些人就會毫不客氣地將不滿情緒爆發出來。

假設這樣的人是你的前輩、同事。

會有這種行為的人基本上是他的人格問題，若這種人在組織中還處於幹部階層，讓這種人晉升的組織本身也有問題，不過這樣的情況在現實中屢見不鮮。由於這種人十分常見，因此我們有必要學會應對這種狀況的辦法。

對方突然暴怒，自己也跟著被激怒，很容易演變成互相爭執的局面。你可能只是為了賭一口氣而回嘴，但這樣不但跟小孩子吵架沒有兩樣，也會讓己身蒙受莫大的損失。

這種時候最好的方法就是忍耐，先聽完對方所有的意見。不要隨著對方起舞，而是盡可能觀察他究竟是為什麼這麼生氣，他真正想達到的目的是什麼。

會做出這種丟臉事的人只暴露了自己幼稚，沒有做為社會人的常識，相信公司中絕大多數的人都不會喜歡這種人。

沒有人會為這種人講話，大家只會同情被單方面怒吼咆哮的人，但同時也在一旁看你要如何對應這種情況。

只要以誠懇的態度聆聽對方說話，某種程度上就能理解對方為什麼會這麼生氣。有可能是因為他之前有過嚴重的心理創傷，或只是在鬧脾氣要人聽他的意見而已。

又或者，也有可能只是在宣洩出於完全無關的其他事所造成的壓力罷了。

雖然要應付這樣的人會讓自己的心情變得很差，但若能養成以第三者的角度觀察，就能知道對方真正想表達的內容，不但在這種情況下大有幫助，也可以大幅減低自己的精神壓力。

一被人破口大罵，很多人會因此腦中一片空白，但只要把對方當成小孩子，應該就能找到其他應對的方法了。

此外，有時也可能是我們自己的過失，完整聽完對方的意見之後，也能找到比較好的補救辦法。

面對憤怒咆哮的人，仔細觀察他就能減輕自己的精神壓力

面對正在憤怒咆哮的人，就會給自己帶來極大的精神壓力，但有種辦法可以讓你以比較輕鬆的心情面對。

那就是「平靜地觀察」，觀察對方為什麼會做出這麼誇張的事？為什麼會突然破口大罵？究竟是有過多麼難以忍受的經驗，才造成他這種行為？

當然，這不是一件簡單的事。在這種情況下，被罵者心情也同樣差到極點。但整理好

心情，仔細觀察對方的話，就會發現露出凶惡表情大聲謾罵的人，其實十分脆弱。可以看出他們是為了掩飾自己的脆弱，才會這樣大吵大鬧。

但並不是要你因此原諒對方，更不是藉此合理化對方的言語暴力。

只是可以稍微減少諸如「為什麼會做出這種事」、「為什麼可以罵出那麼難聽的話」等等疑惑，也可以讓自己某種程度上冷靜下來。當這樣的疑問漸漸減少後，就可以發現驅使對方這麼做的動機與背景了。

如此一來，也能比較客觀地看待造成現在這種狀況的原因，並大幅降低自己跟著被激怒的情況。

Point 34

與會恣意謾罵的人保持距離

助長職權霸凌的機制

筆者雖然建議觀察謾罵的人，就能以比較不同的角度面對他。但不論這樣的人過去有過什麼樣的心理陰影，都不能構成他現在對任何人使用言語暴力的理由。

許多人會因為被人破口大罵而留下深刻的心靈創傷，並不會因為錯不在自己就能不在意地輕鬆以對。有時候，這種經驗甚至會成為一生難以抹滅的傷痛。

對那種人而言，他所罵的對象是誰並沒有差別，只是遇到好欺負的對象時，更是肆無忌憚地謾罵。當然，你完全沒有義務也沒有責任要承受他的怒吼。

主管是否常常無法制止公司前輩對你恣意辱罵呢？你當然不會認為這是可以接受的情況，但就算不認同，很多人也不曉得該如何終結這種發狂般的辱罵。有些主管可能會認為制止這種狀況並不是自己的責任。

但會這樣想，完全就是主管的失職。

自己已經被罵到狗血淋頭了，主管也只會說：「某某，夠了，該停止了吧？」這樣的主管就算看到自己的部屬用職權霸凌同事，也會假裝沒看見。只會偶爾提醒一下，但沒有更積極的作為，當事人感覺不到改正的必要，於是職權霸凌就這樣一直持續下去。

筆者曾清楚地告訴許多這樣的主管：「不處理部屬的職權霸凌也與加害者同罪」時，他們都露出詫異的表情，接著說：「他的責任感很重，只是偶爾說得太過分而已。」這樣的回答實在令筆者相當驚訝。

這樣子的主管不但沒有掌握部屬頻繁利用職權霸凌的問題，甚至還認為只不過是「因為他的責任感太重，所以偶爾說得太過分」而已。

透過這番對話，筆者將日本的管理者分為以下四種：

1. 不會濫用職權霸凌部屬的主管（不論他是否有能力霸凌）。

2. 知道不該濫用職權霸凌部屬，但卻會不自覺地這麼做的主管（嘮叨碎碎念型）。

3. 明知道自己濫用職權霸凌，還是照做不誤的主管。

4. 就算自己沒有霸凌部屬，但卻放任部屬欺壓同事的主管。

其中第二種「知道不該濫用職權霸凌部屬，但卻會不自覺地這麼做的主管」與第三種「明知道自己濫用職權霸凌，還是照做不誤的主管」先不討論，其實職場上有許多第四種「就算自己沒有霸凌部屬，但卻放任部屬欺壓同事的主管」存在，才造成了助長濫用職權霸凌的環境。

盡可能與對方保持距離

在現今社會的職場中，會有毫無理由辱罵自己的人，但往往不會有挺身而出保護自己的人，這已經是常態。既然如此，就只好盡可能與加害者保持距離了。

這麼做的原因是，一旦腦中呈現一片空白，就無法應對即將開始謾罵人的對方了。如此一來，只會讓自己的精神受挫，若因此導致憂鬱症更是終生的極大損失。

會毫無理由辱罵他人的人非常自我中心，完全不會為他人著想。同樣都是領人薪水，你完全沒有義務忍受任由他人謾罵。第一次遇到這種情況時，可以嘗試思考並分析對方的人生經歷與背景，但之後沒有必要與這種人再有所往來。

若對方是自己的直屬主管，那就是徹頭徹尾的濫用職權霸凌了。應該在自己的精神難以承受之前，盡快與公司人事部負責職權霸凌的單位申訴。近年來，稍具規模的公司應該都可以做出某種程度上的處理。此外，也有政府單位的申訴中心，可以善加利用。

處於這種環境中，完全沒有必要去想「那名主管也有他的優點」，或是「若自己提告可能會影響到該主管的職歷」等等。一般來說，被人毆打了就不該忍耐，要立刻報警，確實也該馬上報警處理。

心理上的暴力也是一樣，甚至更加危險。身體上的傷痛時間過了就會痊癒，一旦引發憂鬱症，心靈創傷難以痊癒，可能他人稍微說得嚴厲一點就會過度反應，甚至就此喪失了繼續努力的動力。

這樣一來，不但自己難受，也會讓家人承受莫大的精神與經濟上的壓力。

SUMMARY

- 面對提問一定要完整聽完，掌握對方問題的重點。
- 思考對方發問的前提背景，就能理解發問者的真意。
- 若發現雙方認知有出入，重點是不要猶豫，必須馬上解開誤會。
- 面對破口大罵的人，只要冷靜地觀察他，就可以減輕自己的心理壓力。
- 與濫用職權霸凌的主管保持距離，若無法解決問題就不要忍耐，立刻申訴。

鍛鍊掌握並解決問題的能力

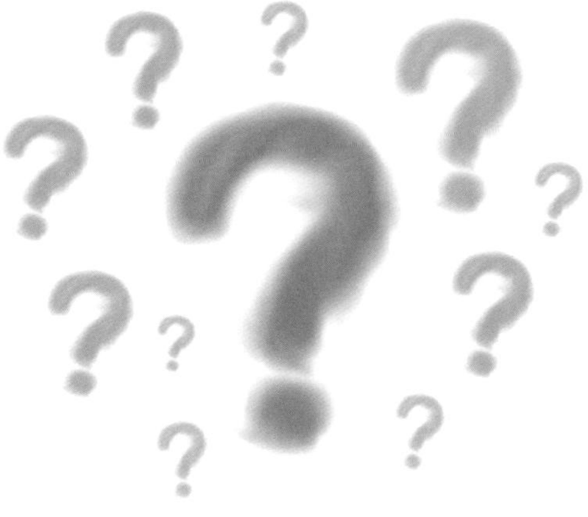

Chapter 8

Point 35

分析問題並加以整理，掌握問題的本質

鍛鍊掌握並解決問題的能力

若平常就有鍛鍊掌握並解決問題的能力，就可以大幅減少被問到腦中一片空白的情況。只要做更深入的鍛鍊，就幾乎不可能會碰到這種狀況了。不論任何人、以何種方式提出質疑，你都可以不受影響地輕易回應。

甚至根本不需要回應。因為你的論點無懈可擊，自然大幅降低了被人刻意找碴質問的機會。

就這層意義上而言，本書的書名《零秒反應力——逆轉腦中一片空白，臨場應對不慌張！》的本質，不單只是表面上的溝通對話技巧，而是是否擁有掌握問題的本質並加以解決的能力。

加強掌握並解決問題能力的方法

那麼，要如何學會這種強大的能力（＝掌握並解決問題）呢？要掌握並解決問題，可以用下列的方式思考，會比較容易理解。

1. 這個能力的出發點在於，學會比任何人都先發現問題，並不僅拘於表面的現象，而是可以看透問題本身的結構，並加以整理的能力。

舉例來說，一個半月後要舉辦一場以二十多歲的人為主要客群，並要招攬一千名參觀者的活動時，雖然可以沿用之前的方法，透過網路以及電子報的方式宣傳，但你必須更進一步地看到問題：觀察時下潮流風氣，看到是否需要其他更進一步的宣傳手段。

2. 下一步，要學會就你所看到的問題本質與結構，迅速整理出確實的解決方針，並舉出好幾項有效解決方案的能力。

若以之前的例子來說明，主要客群如果為二十多歲的人，可以用 Line 以及推特為中心，再選定五十名具有影響力的訊息中心（可以影響其他消費者的關鍵人物），活用他們的影響力來散播訊息。此外，還可以建立連鎖機制：由現有的訊息中心去發掘、說服新候補者，成為新的訊息中心。

3. 此外，要培養就此方案建立共識，讓相關人員能接受並理解此方案，交付他們合適的工作以實際執行、解決問題的能力。

以剛才提到的例子而言，就是實際觀察 Line 與推特上每天發布的訊息，從訊息中心之中再選出最有影響力的十人，與他們約時間討論，說明方案目的，並與他們取得共識，藉此一步步擴展訊息圈，在數週內就可以確保會有五百人來參與活動。

之後再扎實地輔以 Line、推特上等各式各樣的宣傳活動，在活動開始之前，就可以確保一千名的參觀者了。

以上是掌握並解決問題的基本流程，只要時時刻刻都意識到這個流程，加以訓練，就可以學會「迅速分析、整理並掌握問題本質」的能力，不會再為表象所迷惑，拘泥於表面的情況，而是可以清楚地整理出問題所在，抓住問題的核心。

例如主管指示：「想辦法改善我們六個月前上架的餐廳介紹ＡＰＰ，使用人數每個月下滑的問題」時。

首先要做的是整理出「人數每個月在下滑」所指為何。是登錄的會員人數減少了？今天登入的使用者人數減少了？過去三十天內登入的使用者人數減少了？還是登入的使用者在網站上停留的時間減少了？又或是，除此以外的狀況？主管也很可能沒搞清楚問題所在就下指示。

先諮詢相關部門的意見，找到主管所擔心的「人數每個月在下滑」究竟所指為何。首先要整理並列出問題的嚴重程度，再次與主管作確認，以確定問題所在。此外，還要更加深入探討根本性的問題、現下的情況究竟有什麼巨大的變化，以掌握問題的核心。

就這個例子來講，問題核心在於是否有能力綜觀全局看到下列幾點：使用這個介紹餐廳APP的消費者是哪些人、倚賴的程度？有什麼樣的競爭APP？在業界結構上又有什麼樣的競爭？在這樣的競爭下自己公司的產品是否有勝出的機會？

若以綜觀全局的立場看問題，可以發現先前提供消費者餐廳介紹APP的價值，與當初企劃時有了相當大的不同，並會曉得若不大刀闊斧地改變經營方針，使用者人數會更加急遽下滑。

如果沒有綜觀全局的能力，只看到片面、表象情況，在下列這些重要問題上就很可能判斷失誤：該延續現在的方式繼續堅持經營下去，或是該在什麼時間點撤退？應該再投入多少資源？提供此APP服務本身的必要性該在什麼時候做出什麼樣的調整？

因此，我們必須進行訓練，學會掌握、看透核心並解決問題的能力。

藉由寫下A4筆記，學會掌握並解決問題的能力

那麼，該怎麼做才可以學會掌握並解決問題的能力呢？市面上有許多教導如何擁有這項能力的相關書籍，但筆者認為這些書所教授的方法不是太難，就是無法獨自實際練習。就算與同事討論，大家都沒有頭緒的話，也只能提出大同小異的意見。

筆者就是想改善這種狀況，讓每個人都可以擁有掌握問題，並強化解決問題的能力，才出版《零秒思考力》一書。

只要照著《零秒思考力》中提到的方法，每天持續寫下十至二十頁A4筆記，就能毫不費力地學會掌握並解決問題的能力。已經有數萬人親身體驗過這個方法的功效。

此外，一分鐘以四至六行，每行各二十至三十字的速度做筆記，也可以提升對訊息的敏感度、強化將思考化為語言的能力、整理思緒，並加速學會分析事物狀況的能力。

每天寫下A4筆記也可以有效幫助我們減少腦中一片混亂的狀況，幫助我們釐清思路、安定情緒。

《零秒思考力》中提到的A4筆記，正是強化掌握並解決問題能力的基礎。

這種筆記法，還有下列兩種應用方式：

1. 有效幫助小組成員培養掌握及解決問題的能力。

這個方法就是：每天早上都抽十分鐘，請小組成員們各寫十頁筆記，看著筆記開早會。

依每天的狀況不同，可以要大家寫下關於發掘新客戶的辦法，或者是讓大家自由寫下自己解決問題的方法。

不論主題為何，要所有人都各寫十頁筆記。

用這種方法，就可以讓小組所有成員都習慣A4筆記的寫法，也可以幫助大家釐清思路，在早會上也可以比以往更加積極發言。

每個人每天都能在需要的時候寫下適合的A4筆記，也可以藉此整理工作上所面臨的課題，並往解決之道前進。

成員們是否會積極寫下A4筆記還是有個人差異，但用這種方法，就可以讓積極寫筆記的人刺激不怎麼寫筆記的人，使A4筆記發揮最大的效果。

2. 在要與多人討論新的事業企劃時，也可以發揮效果。

這個方法就是：例如要與其他兩名同事合作時，請大家各自就新事業的提案一件一張，各提出十則草案。如此三人合計就有三十則草案，並在簡短的時間內互相說明自己的提案，再由三人互相投票選出最高票的三則草案。接著就這三項草案各寫一張A4筆記，提出加強各草案的方法，再互相發表自己的意見，如此最終就能提出三項極為完整的方案了。

不單只有團體討論，而是讓大家在寫下筆記的同時整理思路，如此一來，可以有效率地幫助靈感具體化。

這個方法不但可以訓練三人獨立思考的能力，還可以讓大家親身體驗到綜合三人的草案，可以大幅提升最終方案的完整性，藉此提升大家掌握並解決問題的能力。

Point 36

習慣假設思考

假設思考的優點

所謂假設思考，就是在提到事件的可能性時，馬上可以提出自己的看法。這看似簡單，但其實還是有許多人無法做到。

若學會假設思考，即使沒有先做徹底的調查或是詢問他人，自己也可以就大致查詢到的內容，迅速找到問題所在，並提出解決方案。

以「活動企劃週會」的會議為例，就會像以下這種狀況：

「這次活動不招到夠多的參觀人次就慘了。上一次只招攬了三百人次，虧損得超嚴重。」

「大概要招攬多少人才夠？五百人夠嗎？雖說也可以先暫定五百人，但說不定必須以七百人為目標才行呢。」

「那就先暫定至少要招攬五百人，最好可以達到七百人吧。」

「要怎麼招攬五百人？只靠網站跟電子報宣傳，總感覺不太夠。慢著，會出席我們活動的三位歌手在推特上各有十萬人追蹤，應該可以善用這一點吧。」

「我們的目標客群大約是二十多歲的人，如果在推特上進行宣傳，應該可以獲得不錯的效果。」

「拜託歌手們，請他們各自向粉絲們宣傳呢？要不要透過粉絲投票來決定演唱會的曲目？只要轉推，就有機會獲得限量十份的歌手簽名照之類的。」

「但只有獨立企劃效果有限。不如也請熱愛歌手的知名部落客們，在推特舉辦宣傳活動的同時寫下相關的部落格文章。此外，我們也準備好讓大家上傳照片，以及可以看到推文一覽的網站。」

依這種方式一步一步地深入思考。

假設思考的優點在於，可以大幅提升掌握並解決問題的速度。不用等到滴水不漏地徹底調查過才行動，而是蒐集了某種程度的資料之後，就馬上建立假設。

如此一來，就可以加快行動的速度，即所謂兵貴神速。不但能夠比其他人早一步採取行動，也不需要花費龐大的時間在蒐集事前資料上。

此外，學會假設思考就可以加速ＰＤＣＡ循環（Plan-Do-Check-Act，規劃－執行－查核－行動），也可以加快學習的速度。因為能夠以比其他人、其他公司快上數倍的速度，擬定計畫、嘗試執行、進行確認、加以修正，不論是成員或是組織，都可以學到更多的經驗。

只要習慣了假設思考，就可以高機率地預想到主管或是其他部門主管會提出哪些問題，並能展現高效臨場應對力。就算沒有花費大把時間全盤調查，也可以瞬間做出某種程度的預測。

不擅長假設思考的人

雖然不論從哪種觀點看來，假設思考在速度、建設性、必需資源，以及學習效果等各方面都相當優秀，但還是有很多人不擅長這麼做。不擅長假設思考的原因，大致可以分為下列三項：

第一，無論如何都會認為「運用假設思考，會顯得不夠精確踏實」。假設思考雖然只用少量的資訊就做出深入的推論，但在推論的同時也會進行確認，絕對不會不精確踏實。這點只是誤解。

甚至可以說，慢慢檢討太過浪費時間，有很多事要執行了才會看到問題所在。假設思考就是先嘗試執行，如此也比較容易得出結果。慢慢檢討，在狀況不明的情況下會浪費許多時間，某種意義上來說，這是非常不具效益且不踏實的方法。

第二，有些人是因為「對自己的想法沒有信心」，所以才會不擅長假設思考。只能告訴自己「假設思考終究都只是假設，之後還會進行確認的，所以用不著擔心。」並要利用A4筆記等方法增加對自己想法的信心，減少不必要的擔心。

第三，可能還是有很多人無法做到「假設思考」這件事。沒辦法只就少量的資訊推想全貌，同時思考多件事項，並建立合理的假設，常常因為腦中一片混亂而搞不清楚狀況。

這只是因為這些人還沒有釐清思路，因此需要擅長假設思考的主管或前輩拉他一把，讓他理解假設思考的技巧以及重點所在。當然，做筆記也是不可或缺的環節步驟。

檢驗假設的方法

或許也有人會認為「只根據假設就採取行動，會難以修正方向，反而麻煩」。因為要實際採取行動時，必須向主管或周遭的人說明依據，而嫌修正論點麻煩。

事實或許是這樣沒錯，若主管完全不理解假設思考的要點，確實有被認為是「做事馬虎」的風險，當要修正方針時，很可能被說風涼話。

因此，組織中不能只有一個人懂得進行假設思考，這種做法不該由基層發起，而是必須要由董事長等高層來主導進行才可以。

此外，要檢驗假設，可以透過訪問或是情報分析等方式進行。訪問對象可以選擇顧客、使用者，或是業界專家等。

1. 訪問

訪問的重點在於，要留意必須周到又不失禮地徹底問到所需資訊。只要有一點疑問，就不要猶豫去問清楚。一般來說，即使直接提出自己的疑問，也不會造成太大的問題。與其太過客氣放棄提問，不如把有疑問的部分都問清楚來得好。

訪問顧客或使用者時，可以仔細詢問最令他們困擾的問題，或是對自己公司產品及服務的滿意度，或者有哪方面不滿，以便將來可以反應到新產品或新服務的企劃之中。

要訪問小有名氣的人時，事前要做足功課，一定要先看過網路上搜尋得到的資訊之後，再就其中不明白的部分提出疑問。

這種熱忱的態度研究可以博得對方的好感，讓對方願意接受我們的提問。可能原本只預約了十五分鐘，但聊著聊著就超過了一小時，甚而獲得預期外的收穫。

就算是名聲顯赫，習慣被採訪的人，也會樂於面對認真討教的對象。所以認真做足事前準備，是十分重要的。而準備的過程本身，也可以提高自己在蒐集資訊方面的能力與敏感度，訓練假設思考的能力。

另一方面，如果什麼功課都沒做，連網路上的資訊都沒有先瀏覽過，就直接進行訪問，即使見到面，對方也只想快點結束談話。就算沒有草草結束訪問，對方也不會透露寶貴的資訊。

因為對方認為我們不是值得談話的對象，就算講了可能也聽不懂，或是無法信賴我們會將訪談的內容有效運用。這種心情只要自己也接受過他人訪問，就能有深刻的體會。

訪問的目的在於，加強自己對於無法徹底掌握的全局或是重要細節的理解，確認自己所預想的假設有幾成合乎現況，而預想失誤的部分又是在哪一點上誤判，或是遺漏了哪些資訊。

2. 情報分析

情報分析是指在公司內部就自己公司、競爭企業、客戶情報，以及網路資訊等資料進行分析。為了驗證假設，要以量化的數據為基礎，分析其經年變化、差異，與比率變動等情況。

此外，也要進行顧客、使用者價值觀的變化，以及業界變動等質化的調查。

在情報分析上有三項重點：

第一，不要過度分析。

常常會有主管要求地毯式地分析龐大資料，但這麼做只會事倍功半。應該要先建立假設，再以驗證觀點出發，只分析最少且最必要的資料即可，否則只會平白浪費時間與人力。

第二，絕對不可任意只揀選有利的樣本來驗證自己的假設。

雖然乍看之下，這一點與之前所說的相違背，但分析資料是為了檢驗假設，若假設有誤，就不該固執己見，而應要進行修正。要不斷建立假設，加以修正，直到所提出的方案不論從何種層面看來都有整體性，還有量化的資料予以佐證才行。

第三，要隨時留心所有資料的正確性，誤解或是蒐集過程有缺失都可能導致出錯。

簡言之，在確認蒐集到的資料為原始數據或一手資料之前，不可以盲信任何資料。要常以批判的觀點來看待取得的資料，不可以毫不猶豫地照單全收。即使拿到的是原始資料，也要確認這項資料是否正確。尤其透過統計數據所做的分析結果，很常被用來操弄特定議題，所以要格外小心。

日常生活中也要隨時應用「假設思考」

其實每個人在日常生活中，都會很自然地使用「假設思考」。例如，看到天空有烏雲，出門時會順手帶把雨傘以防萬一；或是，今天發薪又逢週末星期五，想去吃頓好料放鬆心情，但若不先預約餐廳很可能排不到位等等，這些都是自發性的行為。

之所以在工作上要運用假設思考時，就會突然當機或不願行動，是因為對假設思考有些誤解。

「假設思考」絕對不是隨隨便便進行的，而是要先建立假設，再一邊執行，一邊確認並加以修正，因此絕對不是馬虎行事，也不像人們常認為地容易出錯。

由於需要龐大的資料量，很多時候其所投入的時間與這些資料的精確度不成比例。因此，「假設思考」只建議當資料蒐集得差不多時就先停下來，之後一邊建立假設，加以修正，再建立假設，再加以修正，如此反覆以上過程。

這只是習慣與看法的問題，只要理解這種做法再慢慢習慣就可以了。

筆者自己也有過與許多主管們共事，一同執行計畫的經驗，這些主管幾乎都能立刻理解假設思考，並熟練這種方法。有能力的人可以馬上上手，一般的人也可以漸漸精通。這比學騎腳踏車難一點點，若以花式溜冰來比喻，大概就是跳躍二迴旋的難度而已。對外行人來說可能有點困難，但只要稍加訓練，還是可以做到。

另一方面，有些人比較不知變通。這些人因為對自己沒有自信，所以不擅長靈活的思考方式。這些人會不斷強調假設思考是種馬虎隨便的做法，但其實只是因為這種方法會威脅到他們的生存空間罷了。

這些人無論如何就是無法進行假設思考，也沒有嘗試的動力。如此不但會拖慢工作的速度，也會在溝通上產生障礙。當大多數的小組成員都習慣了假設思考，能迅速蒐集情報加以分析，並提出執行方案時，這些人已被遠遠地拋在後頭。

當然，這樣會讓他愈來愈不安。

有自覺自己「不知變通」或「比較頑固」的人們，要不要鼓起勇氣挑戰看看假設思考呢？能不能建立假設思考的關鍵，不是技巧，而在於能不能放開心胸去學習。

因為這本身並不是件困難的事，只要先放下自己的疑慮，投身實做看看，一定可以有所發現。說不定還會像眼前開了另一扇窗般，豁然開朗呢。

不論多麼不擅長這種方法，筆者都建議要豁出去地嘗試看看。在多次挑戰的過程中，原本心中固執的「一開始沒有先徹底調查就不敢行動」或「不先行調查就全身不對勁」等感覺，都會漸漸減少的。

於事業環境充滿許多不確定因素的情況下工作時，該怎麼做才能在最短時間內獲得最大的成效？「假設思考」就是全世界的人們都在尋求這個問題的解答時，所孕育出來的結果，而因為這個方法十分有效，才會格外受到重視。

Point 37

回歸原點思考

何謂回歸原點思考

這種思考方法，是在不被現有的方法與現狀所拘束，而能產生嶄新觀點的方法。也就是回歸原點去思考原本的做法、之前做得很順暢的方法、先前不抱疑問的公司組織流程等等，應該怎麼做才可以更有效率。

幾乎所有的工作都是建立在過往的經驗上，所以透過這種思考方法，就可以找到新的成功方向。

但要注意的一點是，自己現在所身處的組織內，很多情況下都有一些不成文的慣例、潛規則等等，去挑戰這些規定絕對不會有好結果。

組織不會歡迎人們去質疑、挑戰，或從不同的方向來思考這些部分，甚至可以說是排斥成員這麼做。

只有在組織的領導人十分獎勵回歸原點思考，並帶頭執行的情況下，才能有效減少障礙、容易執行。不過，在實際執行時一定還會有其他各種阻力，因此一定要小心地進行。

關於回歸原點思考

回歸原點思考恐怕比假設思考還要困難許多，因為不可能面對任何事物都抱持懷疑的態度。絕大多數的人對於現有的組織架構，以及現況都有所理解，並不會抱持特別的疑問，所以不會加以深入探討。

就算偶爾會有疑問，也因為沒有刻意放在心上而馬上就忘記。因此，有意識地採行「回歸原點思考」會格外有效。

具體而言就如下列四點：

1. 列舉出組織內部不成文的規定，並嘗試寫下若是沒有這些不成文規定，將會發生什

麼情況。動筆寫下來，會與只在腦中模糊地想像，有十分不同的發現。

2. 試著想像自己平常很自然使用的服務、提供給客戶的服務等，各式各樣的事項原本應該會是什麼情況？如何改進會讓情況更為進步？並且不要只是流於表面的想像，要將這些想法也都筆記下來。

3. 雖然許多事情太過理所當然而毫無疑問地接受了，但找回好奇心重新審視它們，就可以有各種新的發現。例如，明明皮夾已經塞得鼓鼓的了，為什麼還要隨身攜帶好幾張信用卡呢？或是為什麼明明有些衣服只穿一兩次就膩了，還是非買不可呢？思考這些問題，很可能就找到提供新式服務的靈感。

4. 集合幾位有寫下這樣筆記的人，互相交換切磋這些筆記的內容是否有真的回歸原點思考，相信可以有一場十分有趣的討論。這也可以讓腦袋更加靈活，並充實自己關於「回歸原點思考」的靈感，請一定要嘗試看看。

回歸原點思考，就可以產生出嶄新的企劃

假設你在市中心的大規模百貨公司企劃部工作，情人節活動歷年一直都是進行巧克力的促銷。雖然從二月十日開始巧克力的銷量就直線攀升，但一過了二月十四日，就驟然停止，完全賣不出去了，因此要十分留意這些存貨變成長期庫存。

針對這件事，若以回歸原點的方式思考，就可以從這些面向開始切入：要如何向心上人傳達自己的愛慕之心？只送巧克力就夠了嗎？難道不可以送巧克力以外的東西嗎？

此外，這個節日最重要的目的不只有傳達愛慕之心，還希望可以與對方拉近距離。但以往完全沒有提供與心上人拉近距離的機會，也沒有設置適合贈送巧克力的地點，而令促銷活動顯得不夠完整，應該可以考慮就這些方面進行強化等等。

回歸情人節原本的目的，可以就這些方面加以檢討：

1. 從全新的觀點來思考顧客的需求。

2. **從全新的觀點來思考商品、服務以及宣傳口號。**

3. **從全新的觀點來看待物流型態。**

從這些觀點出發，或許就能夠提出嶄新的企劃了。

Point 38

一有疑問就馬上調查

一有疑問，立刻進行確認並加以解決

要培養掌握並解決問題的能力，最簡單的方法就是一碰到有疑問的地方，馬上進行調查，詢問可能知道答案的人。這雖然簡單，但卻是最能夠確實增進掌握並解決問題能力的方法。

因為「一碰到問題就馬上進行確認並加以解決」的態度，正是強化掌握並解決問題的能力最為根本的動機。

只要有這種動機，從平常的工作、生活、周遭環境以及遇到的事物，都可以有所發現，而漸漸成長。

雖然這是件簡單的事，但絕大多數的人一有疑問也只是置之不理，不予處理，會這麼做大致有三點理由：

第一，嫌麻煩而想「算了」帶過。

難得發現了疑惑，注意到問題冰山的一角，卻只因為嫌麻煩而無視它，這實在太可惜了。簡單來說，常見的「明明有察覺，卻還是疏忽了」，正是這種情況。

第二，感到疑惑時有稍微調查或詢問，但沒有得到特別的發現卻也不再深究。

用捉迷藏來比喻，就好像「好險，鬼雖然走到附近了，但卻沒發現我」的情況。就算只是一時感到疑惑，最好也立刻寫下來，抱持「針對可疑的點多花一點時間進行搜索」的態度。因為會感到疑問，就一定是情況有些變化，希望大家不要輕易地放過。

第三，有些狀況與其說是嫌麻煩，不如說是覺得一旦要去解決問題，就會牽扯到許多要素，因此決定假裝沒看見。

若是與公司有關的事，很可能是要隱瞞什麼負面資訊，或者有些是自己不該知道的事，所以決定假裝不知道。但這種態度，只會壓抑了強化自己掌握並解決能力的機會。

面對疑惑可以立刻進行調查的技巧

這裡來談一談筆者為了一有疑惑就可以立刻進行調查所做的準備。

調查的方法很簡單，上網搜尋就夠了。若感到疑惑的事項具有重要性，筆者會花十五至三十分鐘將相關的網路文章都瀏覽過一遍。如果想說等有時間再讀，之後一定又會忙於其他事情而無法如願。不如當場就將關聯文章都看過一遍，比較實際，也比較不會受挫。

此時，看到感覺重要的文章，就要馬上列印出來。在印出來的文章上寫下重點與感想，最能在腦中留下印象。看著文章與筆記，之後不論是要再深入檢討，或者整理到資料中都會比較容易進入狀況。

為此，不論在家中或公司，筆者都準備了黑白雷射印表機。雷射印表機列印的速度比噴墨快上許多，加上維護費用也便宜，列印機體也只要大約幾千元就能買到。

順帶一提，印出來的文章整理成文件資料後，經過半年以上幾乎就都過時了，所以筆者會將這些資料都丟掉。當然，網址還會繼續保留，以便隨時查閱。

最近有許多人會活用 Evernote 之類的ＡＰＰ，但筆者認為自己方才所述的方法會更有建設性。

要確實蒐集資料，筆者認為只依賴智慧型手機或平板電腦的效率不彰，最好能夠在辦公室或家裡設置桌上型電腦，連接二十至二十四吋大型螢幕，準備好適合查閱資料的環境。

電腦畫面若是不夠大，不容易看到部落格或網站的整體面貌，就很容易遺漏資訊。另外要將調查的結果整理成資料，或是發 E-mail，都還是在桌上型電腦作業會快得多。

從平常就開始累積資料

雖說要一有疑惑就立刻進行調查，但若平常累積的資料不夠多，對情報的敏感度就不高。因此要善用 Google 快訊（Google Alerts）或是電子報等管道，從平常就開始接觸工作相關領域的資訊。

要是被人問到「你怎麼連這些新聞都沒看過啊？」不論之前做過多少次的回應練習，面對這種質疑，還是無法回答。

建議可以在自己家中早晚各撥三十分鐘來蒐集資料。雖然整天有各種事情要忙，很難抽出時間，但一旦限制在三十分鐘內，就可以找到許多想看的文章，甚至會連其他事都不想做了。

而會寫出好文章的作者，常常還會有其他值得一看的作品，這種情況下，筆者會把他過去所寫的文章也都一口氣看完，如此便能一次獲得大量的相關資訊。

Point 39

趁勢深入探討

爲深入核心，首先要提問

應該很多人會請教在各個領域比自己更熟悉的人的意見。對象可能是業界的專家，也可能是顧客、關聯企業、自己公司的員工、離職員工、通路商等等。在進行關於消費財的企劃時，更會頻繁地徵詢一般消費者的意見。

這種情況下，若有感到疑惑的部分，千萬不要放過，而要趁勢深入探討，一定可以有很多的發現，甚至可能獲得在其他方面無法得到的珍貴經驗。

所謂的「趁勢深入探討」就是在發現有值得討論的部分，就盡可能地提出自己的疑問。

語氣要和緩有禮，但也不要過於客氣而保留疑問。

只要問題可以切中要點，我方的態度又夠誠懇，對方一定也會很高興終於碰到理解他的人，而樂於分享自己的見解。

突然啓動開關的經驗

以筆者為例，在進行訪問時會有種像是突然被開啟開關，想到一個接一個問題的經驗。與其說是被開啟開關，或許更像是「換到加速檔」一般，就像是踩下油門一口氣加速的感覺。

「啊，原來如此，那就表示是……的意思吧？」

「我懂了！那在這種情況下又是怎麼樣呢？」

「原來是這樣啊。我了解了，那麼關於另外這點您有什麼意見嗎？」

「果然是這樣啊。如此說來，就是這個樣子吧？」

類似這種感覺，突然精神大振，興奮地不斷提出問題。用更簡單的方式說明，應該最接近小朋友在聖誕節收到心愛玩具時的心情吧。興奮得難以自已。

就筆者的經驗，進入這種狀態時，一定能有出乎預期的收穫。就算之前還在摸索中，也會突然可以綜觀全局，看透問題的核心，從新的觀點找到該如何切入，找到解決問題的辦法。

你是否也有過這種經驗呢？是否有過這樣的經驗，在掌握並解決問題的能力上就看得出差異。有過在某個時刻突然可以一口氣綜觀全局的體驗，不但是成功的經驗，也會帶來自信心。

就像是突然明白了問題的核心所在，知道現在該怎麼做，下一步該怎麼做，再之後又該採取什麼行動。

只要徹底做到**「從平常就學會分析問題，加以整理並掌握核心，習慣假設思考，會回歸原點思考，一有疑問就立刻進行調查，接著趁勢深入核心探討」**這一連串的過程，你也可以體驗到突然啟動開關的感覺。

藉由《零秒思考力》中提到的記下A4筆記，每個人都可以在短時間內強化掌握並解決問題的能力。我想應該沒有比這更經濟，又可以簡單迅速地感受到自己成長的方法了。
還請務必一起來品嘗這種痛快的滋味。

Point
40

提升工作速度

工作速度可以提升好幾倍

拙作《零秒思考力（實踐篇）：速度能解決一切的工作術》中有詳細提過，筆者認為任何人都能以倍速提升自己的工作效率。工作之所以效率不彰，都是個人或組織的許多原因所致，而這些原因都有可以有效改善的方法。

- **無法立刻開始工作**
- **無法專心在該做的事項上**
- **分不清楚先後順序，總是落後他人許多**
- **製作文件資料的速度不快**

- 有太多 E-mail 要回，而花掉許多時間
- 會議多且長
- 總是不斷重複提案、駁回、重提的過程

要改善這些問題，大方向上可以照著筆者提出的「**改善效率八原則**」開始著手：

1. **先構思整體架構**
2. **仔細但不要太鑽牛角尖**
3. **抓到工作的核心目標**
4. **創造良性循環**
5. **在用心機的方法上用點心機**
6. **預做準備**
7. **搶先一步採取行動**
8. **盡全力避免疊床架屋**

筆者自己在離開小松研究所，進入麥肯錫後，因為這間公司的要求很高，筆者面臨了必須一口氣提升自己工作效率的狀況。

二〇〇二年與人合資共同創立 Break Through Partners公司以來，工作的內容與分量又更加擴大，在這樣的背景下發展出了應對工作的技巧。

具體來說，像是在電腦輸入法中登錄兩百個以上的常用詞彙、將會議時間減半、主管透過「互相確認願景」的形式直接指導部屬製作文件資料的方法等等。

筆者認為登錄常用詞彙，在於提升工作速度上是不可或缺的基礎，但卻很少有人這麼實行。有許多人在聽了筆者的意見後，僅僅登錄了五十個常用詞彙，就讓工作效率一口氣大幅提升。

只要持續提升工作速度，就能讓自己更加從容，產生自信

只要持續提升工作速度，不論是養成平常就開始思考的習慣，或是針對事物發表自己的見解、寫下「講稿筆記」及進行「發表演練」、面對問題立刻回答等等，都可以做得比

之前更加得心應手。

因為有了充分的時間，心理上也就能更加從容，自信也就由此而生。

由於自己的技巧及速度都有確實的提升，因此可以比想挑毛病的主管或其他部門主管，以更加犀利的角度切入問題。

但這當然不代表你就要主動去質疑對方，而是不要正面否定他人，不要自誇自傲，盡可能確實地回答問題。

但這種經驗本身就能讓你更加從容，產生自信。

癥結點在於掌握並解決問題的能力

進入這個階段，就可以漸漸減少被問倒的情況了。只要能比主管或其他部門主管更犀利地切入議題，就能預做準備，只要先做好「講稿筆記」進行「發表演練」，就能讓你展現臨場不慌不亂的反應力。

此時，你就不用再擔心了。你已經幾乎不可能被問到腦中一片空白了。

即使只是接近那種狀況，也同樣可以擁有良好的瞬間應對能力。如此一來，就不可能再有被問倒的情況了。

就如先前所述，本書要強調的並非表面上的對話能力或技巧，而是**根本性的掌握並解決問題的能力，也就是思考力、整理力，以及臨場應對力。**

SUMMARY

- **零秒反應力，需要的不是溝通技巧，而是根本性的掌握並解決問題的能力。**
- **只要養成寫A4筆記的習慣，任何人都可以自然學會掌握並解決問題的能力。**
- **習慣假設思考，就能大幅提升掌握並解決問題的速度。**
- **學會回歸原點思考，就能夠提出嶄新的企劃。**
- **只要可以提升工作速度，自然就能產生自信，也就不會再有被問倒的情況了。**

結語

只要事前稍做準備，
就能讓自己放心

你應該了解只要平常有做準備，當場寫下「講稿筆記」，就可以避免被問到腦中一片空白的情況了。

只要平常就有所準備，強化蒐集情報以及掌握並解決問題的能力，就可以解決根本性的問題，再輔以準備會議時的「講稿筆記」，以及「發表演練」，就能讓你不再緊張。

而只要有了「不論被問到多奇怪的問題都不怕」的信心，面對臨場提問也就不會再有慌張不已、手足無措的情況。

面對問題可以冷靜回應，就不會再因為慌了手腳而自掘墳墓了。

若再加上有事前先做準備，只要循著會議發展修正「講稿筆記」，就沒什麼好擔心的了。隨時都可以針對最新的狀況，流暢地發表自己的見解。

就算感覺自己快被問倒，也能有效應對

只要可以冷靜地面對會議，就算有人提出質疑，你也不會因此慌了手腳。因為這些問題都在預料之中，或者只是對方有所誤會而提出的錯誤質疑。

可以不慌不忙、放鬆地面對提問，就可以充分看到對方的優點。面對問題也可以用「我就知道你會這麼問」、「這個問題很好」的心情來面對。畢竟我們已經寫了「講稿筆記」，又有做過「發表演練」，這一切都在意料之中。

如此一來，自然也就可以輕鬆地發表見解。之前一要發言就會手足無措的情況，就像是已經過去的噩夢，現在已經可以保持平常心地說明自己的意見了。

到了這個階段，就不會再有被問到腦中一片空白的狀況。

畢竟之所以會發生這樣的情況，就是因為太過慌張而不曉得該說什麼才好，完全無法思考，又愈來愈緊張所造成的。

只要可以平心靜氣地面對這種場面，就不會再發生腦中一片空白的惡性循環，而可以自然進行對話。

即便如此，在被逼到絕境的情況下，還是可能會發生腦中一片空白的情況，但至少在那之前會有些預感。

不過，只要事前有做好扎實的準備，漸漸學會如何對應這種情況，就算感覺自己快要無法思考的時候，也可以當場做出適合的回應。

只要心理上能保持從容，慢慢地不論在什麼情況下，都不再會被問倒，並可以輕鬆以對，做出適當回應。

最後，讀過本書後若有任何感想或疑問，都可以寫信到 akaba@b-t-partners.com 給筆者，筆者會立刻回信的。

讀了本書而開始寫筆記的讀者，也請一定要告訴我你的感覺。

不論是工作、人際關係上有困擾，不曉得該如何排解，或是在這種情況下不知該說什麼才好等等問題，也請不用客氣，歡迎與筆者討論。我想我應該可以提出一些具有幫助的建議。靜候各位的來信。

零秒反應力

逆轉腦中一片空白，臨場應對不慌張！

頭が真っ白になりそうな時、さらりと切り返す話し方

零秒反應力 逆轉腦中一片空白，臨場應對不慌張！
赤羽雄二著；林心怡譯.
-- 二版. -- 臺北市：八方出版, 2021.07
面；　公分. -- (How；90)
譯自：頭が真っ白になりそうな時、さらりと切り返す話し方
ISBN 978-986-381-228-9(平裝)

1.說話藝術 2.人際關係

192.32　110010669

作　　者	赤羽雄二
譯　　者	林心怡
編　　輯	王雅卿、劉素芬、江蕙馨
封面設計	王舒玗
總 編 輯	賴巧凌
發 行 人	林建仲
出版發行	八方出版股份有限公司
地　　址	台北市中山區長安東路二段171號3樓3室
電　　話	(02)2777-3682
傳　　真	(02)2777-3672
總 經 銷	聯合發行股份有限公司
地　　址	新北市新店區寶橋路235巷6弄6號2樓
電　　話	(02)2917-8022
傳　　真	(02)2915-6275
劃撥帳戶	八方出版股份有限公司
劃撥帳號	19809050
定　　價	NT$300

二版3刷 2024年 2 月